スクール カウンセリングの 新しいパラダイム

パーソンセンタード・アプローチ, PCAGIP, オープンダイアローグ

村山正治 著

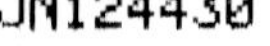

遠見書房

はしがき

Ⅰ　本書の成り立ち

本書は私が23年にわたって務めさせていただいた「学校臨床心理士ワーキンググループ」の代表を退任するにあたり行った講演「スクールカウンセラーのこれまでとこれから――学校臨床心理士WGから見た視点」（第24回学校臨床心理士全国研修会，2019年8月26日，国立京都国際会館）が大変な好評をいただいたことに端を発している。そもそも学校臨床心理士ワーキンググループとは，日本臨床心理士資格認定協会，日本臨床心理士会，日本心理臨床学会の3団体が共同で立ち上げたスクールカウンセリングの実践と研究，そして政策提言のための委員会である。そして毎年夏の時期に全国大会と銘打って，日本各地からスクールカウンセラーをしている臨床心理士たちが研修を受け，情報交換を行うのである。スクールカウンセラーたちにとっての研鑽の場である。学校臨床心理士ワーキンググループは，その企画運営も行っている。

その代表退任にあたっての講演には，2,000人の参加者が集まり，さまざまなコメントをいただいた。私なりにまとめると，「WG活動の背景にある哲学を初めて聞いた」「これからの方向の面白さと挑戦する元気が出た」「学校臨床心理士一人ひとりが主役であることがわかった」「連携という言葉には信頼関係がないといけない」などありがたいものであった。

この評判を聞きつけた敏腕編集者の遠見書房 山内社長から講演録を出版したいとの申し出があった。もちろん，それだけでは本にするにはページ数が足りないので，山内社長の大車輪の編集力で以前に書き溜めた論文を合わせ全9章とし，「スクールカウンセリングの新しいパラダイム」としてまとめ，出版することになった。そして，これは同社の新シリーズである「ブックレット：子どもの心と学校臨床」の創刊の記念号ともしたいという申し出であった。ありがたいことです。

II　パラダイム論からみたSC事業の展開

①臨床事例研究実践を重視したパラダイム

河合隼雄先生，成瀬悟策先生を中心に，当時の日本心理学会の研究中心主義に対して，「臨床実践も事例研究も研究」とする主張を掲げて，日本心理臨床学会が設立された。この学会は研究発表を1セッション2時間の事例検討を中心にし，学会発表をリサーチだけでなく，「心理臨床事例の発表とそのSVの場」に大転換したのである。つまり，事例研究も研究であることを公に宣言した「学会革命」と呼ぶべき大変革であった。臨床心理士の養成パラダイムは世界的潮流では「科学者－実践家」モデルである。つまり科学者として心理学の科学的方法と技術の学習を優先し，臨床実践がないがしろにされる傾向を生んでいた。このモデルは臨床実践の訓練が不十分な臨床心理学者を輩出しかねない。

SC事業で教育現場が求めたことは，困難な事例に対応できる実践家であった。学校臨床心理士はこの学会で「個人臨床の実力」が鍛えられた。また3団体に要請して私どもが創設した毎年の学校臨床心理士全国研修会，各都道府県臨床心理士会の学校臨床心理士担当理事・コーディネーター開催の事例中心の研修でも鍛えられた。こうして事例研究・実践を中心とした学会・臨床心理士会で実践力を鍛えられた学校臨床心理士が生み出されてきた。この「実践家－科学者」の採用でSC事業は学校現場に「黒船の来襲」どころか，「役立つ助っ人」となったのである。2年目から学校臨床心理士は現場から引っ張りだこであった（付表4参照）。

②山本和郎の修理工場モデルと成長モデルの提案

私と山本との共編著『スクールカウンセラー──その理論と展望』（1995）の山本執筆の「序に変えて」は25年たった今読んでみても実に新鮮である。山本のモデル論の特徴は，臨床心理士を医師と比較して「臨床心理士の独自性である成長モデル」を強調したことである。医療パラダイムで働く医師の「修理工場モデルの特徴」と成長モデルの相違の比較が一目でわかる（本書第1章参照）。今日，公認心理師と臨床心理士の役割の相違を考える上で，大変参考になる論文である。一読をお勧めしたい。

修理工場モデルは，Doingという言葉で代表される現代の管理社会を象徴する人間のあり方である。ニュートン－デカルトパラダイムと呼ばれる因果論中心の考え方である。これは，自然科学や身体医学の発展に大きく貢献してきたパラダイムである。一方，Beingは生きる意味など人間の持つ意味性，人間の内面性に注目し，有機体的，生物的，ヒューマニスティックな人間観を基礎にしている。

山本の凄さは，この２つのモデルが「相補的な枠組みであり，相反するものでない」と強調しているところにある。ロジャース Rogers, C. の色紙に「The way to do is to be.」がある。山本もロジャースも「To・Do」と「To・Be」を統合して生きていく方向を求めていたことがうかがえる点に注目したい。この統合こそ，21世紀の人類の未解決課題である。

③村山の自己実現モデルの提案

私は「科学者－実践家」－「実践家－科学者」モデルを統合した「自己実現モデル」を提案している（本書第２章・第５章，村山正治監修『心理臨床の学び方』（pp.189-204.）参照）。

私は研究・実践の当事者の資質と関心で決まればよいという方式で院生を養成している。私自身，大学院時代は，事例中心で博士学位を取得した。出身大学院の自由さで臨床経験を十分積むことができた。課程博士ではなく，論文博士であった。

村山ゼミの院生には「自己実現モデル」で対応している。私には，院生はそれぞれ創造性を持っているという仮説がある。それに院生自身が気づいていないことが多い。気づいてもらうことにエネルギーを使う。結果として「方法中心でなく，課題中心である」，「初めに方法ありきでなく，初めに課題ありき」にしている。方法は後でついてくる。もちろん，すべての院生にうまくいくわけではない。院生たちは初期の混沌から自分の方向を見つけて進む人が多い。

そして，研究者本人が関心を持っているテーマ，問題意識に注目する。理論論文，調査研究，事例研究，リサーチあり，村山ゼミでは「修論では事例研究はダメ，リサーチ・調査」をルール化していない。

④第４の新しいパラダイムの提案──当事者重視・社会変革志向・対話・プロセス志向，ヒューマンサイエンス志向・ネットワーク（第２章／Ⅳ　21世紀の方向を示す重要なパラダイムとしてのPCA・ODの共通点）

第２章は，第６章，第８章，第９章とともに，21世紀の学校臨床の課題に取り組んでいく重要な方向性，具体的な新しいパラダイムについて論じている。筆者がもっとも力を入れた，学校臨床が直面するこれからの挑戦テーマである。

第２章は，私と仲間たちとのフィンランド・オープンダイアローグ研修記録である。すでに公刊されている私たちの体験録を読んだ方から「OD理解に大変役立った」とのメールが仲間の一人に届いている。ODに関心のある方がお読みいただくときっと何か感じられると思う。たった６日間の研修体験から大きなインパクトを受けた。最大の要因は，スタッフが我々を研修生として知識を教えようとせず，一人の人間として専門家として対等に対応され，対話され，自分を語られたことであろう。ODの翻訳書に書いてあるそのままの態度で接してくれたからだと思う。本と実際の乖離がなかったのも興味深かった。ODの思想はロジャースの人間論，科学論，治療論，社会変革志向，関係論，プロセス志向など共通点が多いのにびっくりした。12項目にまとめたのが表４（本書第２章）である。学校臨床に関して言えば，「チーム学校多職種協働」は，日本文化社会の縦割り構造の中で実現が簡単でない挑戦課題である。日本の教育が変われば社会が変わる。臨床心理の発展史を見ても，新しいアプローチは困難な現場体験から生まれる。ロジャースのPCAは12年間にわたる児童相談所の臨床経験から萌芽が生まれてきている。筆者は教育現場とは日本社会，文化の矛盾や課題が「生徒の問題」「家族の問題」「教師の問題」として現象化する場であると筆者は認識している。いじめ，不登校，ひきこもり，非行などを当事者だけの問題にしては解決しない。日本社会，文化の問題として多様な視点から捉え，児童虐待問題をとってみても，児童相談所の職員の増員だけでなく，夫婦関係，貧困，学校体験，一時保護のケア，地域ネットなど心理的問題だけでは理解できないので生活臨床とでも呼ぶ状況である。

ここを力説した理由は，これまで開発してきたパラダイムにない新しいパラダイムが生まれてきているからである。

⑤私と仲間が新しく開発した新しい方法

第３章，第７章は従来「心理教育」と呼ばれている領域である。私はこの呼び名は好きではない。私は「PCA グループ」と呼んでいる。そこには「新しいグループ哲学」「個人中心のグループ」「初期不安の緩和」「効果測定とリサーチデータの蓄積」，因子分析などで「変化の３要因」まで解明されている。SC の方が安心して活用できるように企画・準備・ファシリテーション論まで書いている。特に「初期不安の緩和」に成果を上げている。

第４章は，日本で筆者が開発した新しい事例検討法である。問題解決志向でなく，話題提供者のこと，多様な状況を参加者みんなで理解すると，新しい状況理解が生まれ，おのずと収まり，元気が出る SV 法です。現在，教育，産業，福祉，医療，看護，高齢者ケアの領域で発展している。

⑥経験知を生み出す６ステップ

１）学校コミュニティという学校臨床現場に入り込んで，そこから生まれる実践知・経験知を大切にする。既成理論も学習するがそれに縛られない。

２）既成の諸臨床理論を学びながら，それらの理論を正しい理論でなく，複雑な現実を理解するための１つの仮説として理解すること。既成の理論で現実を解釈することをできるだけ避ける心構えが大切ではないか。既成理論をドグマでなく仮説として採用する。

３）現場の声を徹底して聴く。現場の醸し出す雰囲気を感じてみる。フィールドに十分に自分を投入してみる。

４）その実践活動から経験知を生み出す。

５）経験知を検証するリサーチに持ち込む。

６）１）から５）のステップを循環することで学校臨床に役立つ理論が生まれてくる。

Ⅲ　読者の皆さんへ

現職学校臨床心理士の方々には，これまでの経験を整理し，新しい挑戦に向けた準備のお役に立ちたい。これからスクールカウンセラーをやってみたい臨床心理系の院生たちには日本の SC 事業のコンセプト，歴史的意義，社会的意義などを概観できるだろう。ここから，過去，現在，スクールカウンセリングの将来の方向を読みとっていただきたい。これまでの土台となっている哲学・理論・仮説・バックアップシステムにしっかり軸足で立っていただき，遠方を眺めてみると，新しいこれからの展望が心に浮かんでこられると思う。そして，発展の担い手になっていただきたい。「チーム学校」と呼ぶ，第２期の教育革命が始まっている。

学校臨床心理士担当理事・コーディネーターの皆さんには，これまで 20 年にわたり SC 事業を支えていただき感謝している。さらに 20 年，日本の文化・社会に根付いたスクールカウンセリングを皆さんと一緒に創造しませんか。日本が変わっていきます。自治体の教育委員会・学校臨床心理士担当者の皆さんには，この事業全体の構造をご理解いただき，スクールカウンセラーと相互支援を図りながら，教育現場を児童生徒一人ひとりの自己実現に役立つ場にしていきませんか。日本の未来がかかっています。

臨床心理士・公認心理師の両資格の相違点を理解し，多職種協同の良さを生かす工夫をしていきませんか。これは日本の縦割り文化社会に挑戦する課題です。

2020 年 4 月 29 日

村山正治

目　次

はしがき…… 3

Ⅰ　本書の成り立ち　3
Ⅱ　パラダイム論からみたSC事業の展開　4
Ⅲ　読者の皆さんへ　7

第１章　スクールカウンセリングのパラダイム論…… 15

Ⅰ　はじめに　15
Ⅱ　学校臨床の知を生み出す基本的な姿勢とシステム　15
Ⅲ　スクールカウンセラー事業のために新しいシステムの創造と対応　16
Ⅳ　「学校臨床心理士のためのガイドライン」の創造　19
Ⅴ　実践知・経験知の集積のためのシステムの創造　21
Ⅵ　地方の時代——スクールカウンセラー事業の国庫負担の大きな変化　22
Ⅶ　スクールカウンセラーのこれからの発展の方向と課題　22
Ⅷ　新しいパラダイム論の構築へ　25
Ⅸ　PCAグループの実践と展開　26
Ⅹ　PCAGIP法について　28
Ⅺ　新しい人間関係ネットワークパラダイム論の構築へ　29
Ⅻ　終わりに　29

第２章　パーソンセンタード・アプローチとオープンダイアローグの出会いから生まれてきたもの
——21世紀のあたらしい心理臨床のパラダイムを求めて…… 32

Ⅰ　はじめに　32
Ⅱ　OD・ADとの出会いの日程と経過　33
Ⅲ　私たちはなにを学んだか——ODの直接体験　35
Ⅳ　文献からの理解：ODとは何か——定義・歴史的背景　43
Ⅴ　21世紀の方向を示す重要なパラダイムとしてのPCA・ODの共通点　45
Ⅵ　社会変革を目指し，PCAとODのメリットをどう活かすか——提案と展開メモ　53
Ⅶ　終わりに：私がやってみたいPCA・ODの実践の展開　55

第３章　学校におけるPCAグループの実践と展開…… 58

Ⅰ　はじめに　58
Ⅱ　PCAグループの新しいグループ観　58

Ⅲ　EG を学校教育に導入するときの課題　60
Ⅳ　学校現場に PCA グループを展開する実際例（黒瀬まり子）　62
Ⅴ　グループを導入するときの注意点　65
Ⅵ　まとめと課題　67

第４章　グループワークとしての新しい事例検討：PCAGIP 法入門 ……　69

Ⅰ　はじめに　69
Ⅱ　PCAGIP 法の基本的考え　70
Ⅲ　具体的なやり方　70
Ⅳ　PCAGIP 法の実際のプロセス　72
Ⅴ　考　察　79
Ⅵ　まとめ　82

第５章　心理臨床家養成における実践家－科学者モデルはうまく機能しているか ……………………………………………………………………　84

対応策①　外部実習の充実　85
対応策②　初期不安の緩和　85
対応策③　大学院　86
対応策④　柔軟に対応　86
対応策⑤　ディプロマ・プログラムが必要か　86
まとめ　87

第６章　連携をキーワードにみる SC 事業の新しい展開への序曲的メモ……　88

「連携」とは？　88

第７章　いじめの予防：ポジティブフィードバックの意義
——PCA グループからのアプローチ ……………………………　92

Ⅰ　日本の教育の危機は自己肯定感の低さ　92
Ⅱ　PCA グループの理論仮説　93
Ⅲ　とある看護学校での PCA グループワーク　94
Ⅳ　教師のための相互肯定フィードバックセッション　99
Ⅴ　PCA グループ体験が生み出す３要因　100
Ⅵ　終わりに　101

第８章　新しいスクールカウンセラー：チーム学校をめぐって…………103

Ⅰ　はじめに　103
Ⅱ　チーム学校——大きな学校教育改革の具体化が進行中　103
Ⅲ　チーム学校における学校臨床心理士の役割像　104

Ⅳ　SC の常勤化時代の到来と外部性　104
Ⅴ　SC 事業のこれまでとこれからの物語　105
Ⅵ　多職種協働　106
Ⅶ　学校臨床心理士が積み上げてきた多職種協働の知恵　106
Ⅷ　ファシリテーター訓練　107
Ⅸ　新しい地点に立っている私たち・これから創造していく未来　107

第９章　スクールカウンセラーの創成期から未来に向けて……………… 109
皆さんと一緒に創造してきた 23 年間　109
世界の大転換期に生きている私たち　110
SC 事業の成果とその意義　111
業績を生み出した WG の哲学　111
バックアップシステムの創設　113
学校コミュニティ論　114
都道府県担当理事・コーディネーターの設置　114
パラダイムシフトの視点　116
ポストベンションからプリベンションへ　117
チーム学校　117
ネガティブ・ケイパビリティ　118
当事者性の重視　119
支援ネットワークの重要性　120
大塚先生の貢献　121
挑戦していく方向　121
大転換期に生きている私たち――パラダイムシフトへの視点　122
NEXT ONE　122

あとがき　124

付表１　学校臨床心理士全国研修会　開催地一覧　125
付表２　日本心理臨床学会　WG 主催一覧　127
付表３　学校臨床心理士担当理事・コーディネーター全国連絡会議一覧　134
付表４　スクールカウンセラー事業の推移　136

索引・初出一覧・著者略歴　巻末

スクールカウンセリングの
新しいパラダイム

第1章

スクールカウンセリングのパラダイム論

I　はじめに

私は平成7（1995）年から過去17年間，学校臨床心理士ワーキンググループ代表として，スクールカウンセラー事業の推進と発展に仲間たちと関わってきている。この経験から見えてきた私の個人的見解や経験から学んだことを述べておきたい。

この事業は，心理臨床のダイナミックな発展にとって大きな貢献をしてきたものと認識している。学校という新しいフィールドで，臨床心理士に活躍の場を提供し，心理臨床の学問的発展を促進してきた功績は大きい。また，臨床心理士の社会的認知も高めてきた。ここでは学校臨床に関する新しい実践知，経験知を蓄積し，共有するため，スクールカウンセラー相互のレベルアップにつなげるための基本姿勢，仕組みと構造を述べておきたい。

II　学校臨床の知を生み出す基本的な姿勢とシステム

1．学校現場のニーズにできるだけ対応する姿勢

派遣された学校臨床心理士が各自の臨床理論や技法で現実を切りとり，それに見合った現実に即したものだけに注目するという発想ではなく，未知の現実の要請に応える姿勢が大切である。

学校に出かけ，その現場で感じて，先生方と一緒にいろいろ模索しながら，考えて，その中から新しい学校臨床の知が生まれてくると考える。新しい知が生まれてくるときにはマイケル・ポランニーの棲み込み理論（Indwelling）やロジャースの科学論が参考になる。

2．コミュニティ・アプローチの発想の重視

河合隼雄らの提唱で日本心理臨床学会では事例研究を中心に鍛えられ，一対一の人間関係で実力を発揮できる多数の心理臨床家が育った。学校臨床というフィールドは，これらの基本的人間関係を作る能力を基礎に，教育相談に新しいコンセプト・枠組みを設定する必要に迫られた。

そのため，学校臨床では，いわゆる「クリニック・モデル」だけでなく，「治療より予防」「全生徒の自己実現」「生徒の持つ援助力を生かす」「人間関係の促進」「健康促進」などを視野に入れた新しいモデルをつくることが必要と考えた。

コミュニティ心理学ではなく，より柔軟な「コミュニティ・アプローチ」の発想が「学校臨床心理士のためのガイドライン」（後述）には，色濃く出ていることを読み取っていただけると思う。コミュニティ心理学，ロジャースらの人間性心理学が提唱する，人間の成長力，相互援助力，多様性の尊重，自己実現能力，他の学問，専門領域とのコラボレーションなどを視野に入れることを重要視した。

3．政策科学的評価

学校臨床心理士の事業の成果を科学的に評価する方法の開発と実施を精力的に行ってきた。質問紙調査法を駆使して，6,000 校の大規模調査を教師，保護者を対象に実施した。これらの結果から，学校臨床心理士の活動が高く評価されていることがわかった（伊藤，2000；本間友巳，2001）。これらの基礎資料は，文部科学省が平成 13（2001）年度にスクールカウンセラー補助事業を継続する有力な根拠の一つになった。

III　スクールカウンセラー事業のために新しいシステムの創造と対応

1．学校臨床心理士ワーキンググループ（WG）の創設

①私たちは文部科学省 SC 事業が日本の公教育に教師以外に臨床心理士という専門家を投入する一大歴史的事業であること，また学校に風穴をあける「静かな教育改革」であると認識した。

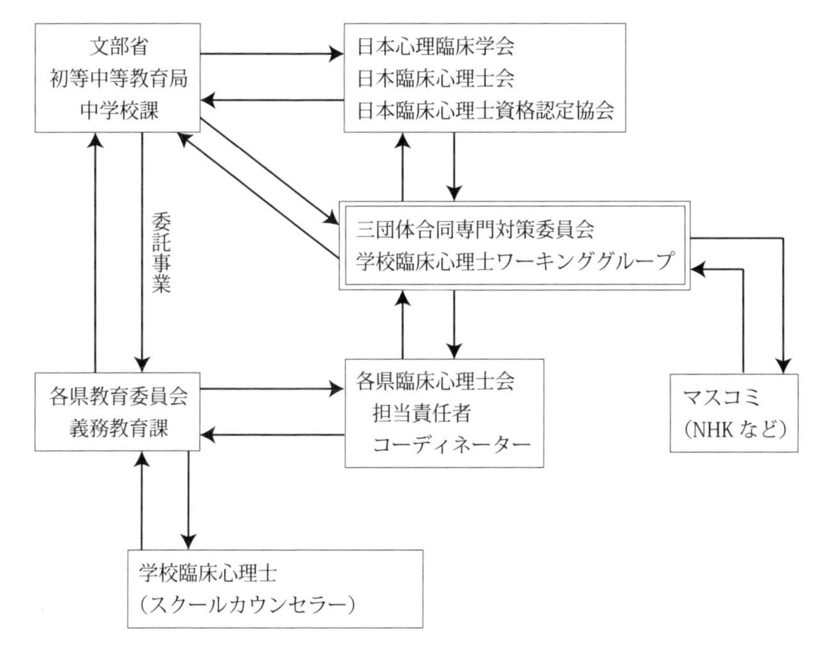

図1　ワーキンググループからみたネットワーク

②職能集団としての臨床心理士がはじめてその専門家としての実力を問われる社会的実践の場であり，臨床心理士の以後の発展を考えると失敗は許されない事態である。

③派遣された学校臨床心理士がその専門性を発揮するためには新しい事態に対応できる柔軟で創造的組織を作って対応することが必要であり，バックアップシステムも作る必要がある。

④当時の３団体の常任理事・理事には，①②③のことは共通認識であったと推察している。そこから３団体合同の委員会設立の流れが生まれ,「三団体学校臨床心理士合同専門委員会」が成立し，当時の学会常任理事であった村山がその委員長に推薦された。

⑤以後,「学校臨床心理士ワーキンググループ」と改称され，2018年まで村山が代表を務めた。

⑥活動の全体像は，図１（村山，1998，p.38.）に示す。

2．学校臨床心理士ワーキンググループの役割

スクールカウンセラーのバックアップ・システム構築のため，以下のことを行う。

①スクールカウンセラー事業に関するすべての事項に対して３団体のあらゆる資源を活用してこの事業を推進する体制を整える。
②文部科学省・都道府県教育委員会・校長・教員・保護者・生徒・学校臨床心理士など関係者と信頼関係をつくり，聞き役としてさまざまな情報を集め，それを集約し，軽重を判断し，事業全体の促進に役立てる。
③これらの情報をもとに，この事業に役立つさまざまな企画を立案し，実施する。
④派遣されている学校臨床心理士の研修，スーパーヴィジョンはじめさまざまな支援，バックアップ・システムを構築する。緊急支援をはじめとする予想外の新しい事態にも臨床心理士の活動が対応できるはじめてのシステムの創造であり，制度というより，「ネットワーク型の柔軟なシステム」である。
⑤都道府県学校臨床心理士担当理事・コーディネーターを設置する。この役割と機能は，学校臨床心理士ワーキンググループの「都道府県版」とフラクタル構造である。

3．都道府県学校臨床心理士担当理事・コーディネーターの役割の大きさ

①スクールカウンセラー事業に関する各都道府県教育委員会との接触の窓口となる。
②とくに学校臨床心理士ワーキンググループと緊密に連絡をとりあう窓口になる。
③教育委員会スクールカウンセラー業務担当者に臨床心理士の有資格者を推薦する。
④学校臨床心理士のレベルアップと質の確保のため，各都道府県独自の研修体制，県単位の研修会，スーパーヴィジョンをはじめ，さまざまなネットワークを構築する。

Ⅳ 「学校臨床心理士のためのガイドライン」の創造

「柔軟に対応」ということを基本に，守秘義務はじめ，6項目から成り立つガイドラインを作成した。議論の末，「現段階では，できるだけ柔軟な対応が必要なので，派遣されたスクールカウンセラー個人の特徴を最大に生かすようなガイドラインが必要である」と考え，実行した。

学校のカラーは校長先生の顔と同じように1校ごとに異なることを前提にすると，細かいガイドラインはかえって障害になるのでスクールカウンセラー派遣先の校長と協力しながら，専門性を発揮できる仕事，その学校の求める仕事を見つけたり，あり方を見つけていくことを奨励したのもある。時には，専門性のかけらもないような仕事だったりすることもあった。

1．学校臨床心理士と教師カウンセラーの区別

文部科学省の事業名は「スクールカウンセラー」であるが臨床心理士が行うという意味で「学校臨床心理士」という言葉を造語した。

2．柔軟に対応

学校ごとにニーズが異なるので，スクールカウンセラーが学校現場の状況に応じて，自分の力量を発揮できるかに知恵を絞った。文部科学省が行政レベルで出している実施要領に規定されている仕事や役割とは異なっていることもある。

鵜養美昭（1995）は，発達段階論として学校臨床心理士が新しい学校に参入する時のプロセスを7段階に分けて見事に記述している。

3．学校をコミュニティと視る視点の導入

私のキャンパス・カウンセラー体験から学んだことだが，役割が「クリニック」モデルと異なり「コミュニティモデル」と考えると，仕事の全貌が見えやすい。

①学生全体の精神的健康を促進する視点が必要である。10％程度の精神障害圏の学生へのケアとともに，90％の学生のことも視野に入れる。
②キャンパス・コミュニティの構成員である，一般学生，教職員との協力関

係，とくに教育相談コーディネーターとの信頼関係の構築が必要である。

③治療から支援，学生を含む多職種との協働が前提であり，「学校をコミュニティ」と理解すると仕事がしやすくなる。

4．守秘義務について

学校コミュニティの中では，来談した生徒の担任，生徒指導教員や養護教員，学年主任，教頭，校長などが絡んでいることがほとんどである。

「守秘義務があるから相談については話せない」とは言わず，学校全体で守秘義務の大切さを考えていく方向を考えることと同時に，カウンセリングの契約の大切さをきちんと説明する。長谷川啓三は「集団守秘義務」を提唱し，諸先生方との間では，ある程度の情報交換を慎重におこなうことにしている。しかし，ケースバイケースでもあり，マニュアル化できない難しさがある。

5．対象者はだれなのか？

児童生徒に直接援助するより，教員へのコンサルテーションを重視する。文部科学省の実施要領では，週２日，１日４時間，年間35週が勤務契約である。この勤務形態にスクールカウンセラーの活動を合わせざるを得なかった。週８時間でできる仕事を考えてみると，教員の生徒指導を援助するコンサルテーションに重点を置くほうが効率的であると位置づけた。

障害の重い児童生徒を抱え過ぎると，極少数の児童生徒に対応するだけで精一杯になり，週８時間の中で多様なスクールカウンセラーの役割を果たすことができなくなるからである。

6．学外の相談機関との連携

学校に外部から専門家を導入した要因の一つは，問題生徒の多発と，教員だけでは処理しにくい，いじめ，不登校，暴力，自殺など複雑な問題が多発してきたことである。臨床心理士の役割は事例の見立てと，必要なら外部の諸援助機関に紹介したりすることであり，従来の学校の教育相談ではこの点が不十分であった。事例の困難性と複雑性を学校と保護者に理解してもらうことが専門家の重要な役割となる。他機関への紹介技術は，専門家の重要スキルであり，それは援助資源のスタッフや内容を確実に知っておくことである。本間（2001）によるスクールカウンセラーの効用に関する保護者調査でも，紹介は得点が高くないことが出ている。今後の重要な臨床的検討課題である。

V　実践知・経験知の集積のためのシステムの創造

1．学校臨床心理士全国研修会

学校臨床心理士をバックアップする基本的な全国研修を設定し，2017 年で 24 回目になる。毎年，1,000 人から 2,000 人が参加している。

目的

①スクールカウンセラーの専門性のレベルを維持･拡大，②経験知の蓄積，③スクールカウンセラー相互の情報交換と交流，④新人研修，⑤文部科学省との接触，を目的にしている。

基本構造

基調講演，シンポジウム，分科会の３部構成を取っている。

2．学校臨床心理士ワーキンググループ

文部科学省との情報交換・連絡の窓口

スクールカウンセラー事業は，文部科学省による国家事業として発足したこともあり，日本臨床心理士会，日本臨床心理士資格認定協会，日本心理臨床学会の３団体を代表する学校臨床心理士ワーキンググループが初等中等教育局児童生徒課との接触の窓口になってきている。

ワーキンググループはスクールカウンセラーの年次予算，資料の提供，評価，スクールカウンセラーの人選状況，各都道府県配置状況などについて，年数回，文部科学省と連絡を取り合っている。

3．日本臨床心理士資格認定協会――事業連絡窓口

スクールカウンセラー事業の発足以来，スクールカウンセラー事業に関する事務連絡一切は日本臨床心理士資格認定協会が担当している。

平成 23（2011）年の東日本大震災発生以後，現地の緊急支援震災派遣センターに関してこれまで通り，日本臨床心理士資格認定協会が窓口になっている。

スクールカウンセラー事業は，現在まで大塚義孝専務理事を中心とする認定協会の予算・事務など，絶大な支援なくしては事業の遂行はできなかった。

VI　地方の時代――スクールカウンセラー事業の国庫負担の大きな変化

平成7～12（1995～2000）年までが全額国庫補助，平成13（2001）年から国庫負担が2分の1になり，さらに，平成19（2007）年から3分の1に変化してきた。

これは，スクールカウンセラー事業に対する地方自治体の権限が強化されてきていることにつながっている。地方自治体は，スクールカウンセラー事業ではなく他事業に予算を振り向けることも可能であることも付け加えておく。

平成18（2006）年度に中学校へのスクールカウンセラー全国配置が完了したとされるが，この時点でのデータをみると，配置率100%の自治体もあれば，30%程度の配置率の自治体もある。自治体の選挙に，スクールカウンセラーの増員を公約に掲げる指定都市も現れている。

過去17年間にわたるスクールカウンセラー事業を通じて，その学識，実績を認められ，大学教員の臨床心理士有資格者が教育委員長や教育委員などに就任する自治体が続出している。京都市，佐賀県，北九州市，広島県などの自治体から教育功労者として表彰される人も出ている。スクールカウンセラー事業を通じて自治体への貢献が高く評価されてきているのである。

学校臨床心理士を育てるシステムそのものが，地方の独自性を育てる体制をもっていたことが理解いただけると思う。各都道府県の臨床心理士会会長，学校臨床担当理事・コーディネーターの役割の重要性が増大していることは間違いないであろう。

VII　スクールカウンセラーのこれからの発展の方向と課題

スクールカウンセラーの発展の方向を，いろいろ検討し，創り出していく必要があると考えている。

1．スクールカウンセラー・スペシャリスト

現在，多くのスクールカウンセラーは，他の領域と重複して就労をしているか，パートタイム的な就労が多い。専門的に学校臨床だけを行い，かつそれで十分に生活できるスクールカウンセラー・スペシャリストがほしい。SVや研修，あるいは行政への働きかけなど，スクールカウンセラー制度を担う人材としても有用であろう。

2．臨床心理士プラス１年の新しい養成システムの創造

新人スクールカウンセラーに対する学校からの評価が厳しいことは認識している。学校現場は多様な役割をこなすことが要請されるので，新人の臨床心理士には厳しい職場である。

これは毎年 1,700 人程度生まれる新人の個人的問題だけではなく，２年間の養成課程では，スクールカウンセラーの訓練が不十分であることはさけられない事実であり，資格取得後，さらに１年の新しいシステムを創造するときが来ている。

3．新しい養成システムの創造（SCI プログラム）

福田憲明が創造している「スクールカウンセラー・インターンシップ・プログラム（SCI プログラム）」に注目したい。彼は学校臨床心理士ワーキンググループのメンバーであるが，明星大学大学院で自らが担当する「学校臨床心理士特論Ａ・Ｂ」の１年間の講義コースにおいて，大学と大学の所属する自治体の教育委員会と連携して，院生が実習校でインターン体験を持てる独自の２年間養成 SCI プログラムを創造している。トレーニングプランとして，注目してよく，指定大学院学校臨床心理士養成モデルの有力プログラムである。

4．臨床心理士の緊急支援活動とそのシステムの創造

学校などで事件や事故が起こった時に，緊急支援活動として心理支援が求められることがある。その際，福岡県臨床心理士会のつくった「福岡モデル」が各地で応用されてよく使われている。地域文化や学校文化に合わせて対応する創造性が必要である。

5．地方の時代の到来：費用効果論の論理

国や地方自治体の予算でこの事業が実施されてきている以上，対費用効果（cost-effectiveness）が問われる。時給5,500円で学校臨床心理士は何を生み出しているのかは，今後，現実の課題として大きなテーマになるだろう。

これまでは，児童生徒の問題行動の減少が1つの指標として利用されてきている。しかし，スクールカウンセラーは，「Doing」と「Being」を統合しているような存在である。カウンセラーの有効性を測定する指標を総合的に検討するようなプロジェクトが必要であろう。

カウンセリングの有効性が国家的に論じられたのに，英国のプロジェクトがある。うつ病による国家的損失とカウンセラー養成により，うつ病救済効果を計算して，養成して治療にあたらせる費用の方が経済的に有利であるとして認知行動療法家の養成に踏み切ったプロジェクトである。対費用効果を科学的に考える一大実験でもあった。クーパー Cooper, M.（2008）による英国の資料が参考になる。

6．スクールカウンセラー評価のための独自システムの開発

スペシャリスト集団がメンバーとして入るプロジェクトの結成が必要である。また，これだけの大規模な事業なので評価方法の検討を含めたシステムも必要である。欧米の評価システムなどの調査・研究からはじめながら提案をしていくことからはじめたい。

7．コラボレーションの時代

学校臨床を学校臨床心理士だけで独占できなくなってきている。規制緩和，社会的問題の質的変化などから，平成21（2009）年度からスクールソーシャルワーカーが導入されている。他団体から規制緩和の流れに乗って，学校臨床心理士に対する独占の批判や注文を文部科学省へ提出する事態が起きている。他業種とのコラボレーションが大きな課題である。

8．学校臨床心理士の制度化

日本全国で一定以上のサービスを保証するためにも，学校臨床心理士という資格制度が必要になっている。資格を持っていることが，即ひとを治せる

ということではないが，よりよい人材の確保のためには資格要件の明文化が必要な時代になっている。

9．コーディネーターの養成訓練

スクールカウンセラー事業がここまで展開してきた大きな成功要因の一つが，コーディネーターシステムの創造であった。東京都のコーディネーターを経験した岡本（2011）の「コーディネーター論」は注目に値する。ポイントは，①心理臨床の豊富な経験，②教育行政への理解や行政感覚，③教育行政を含めた広い視野と関心，④集団を対象とする臨床経験，⑤柔軟性と交渉力，⑥専門業務開拓への開かれた態度，である。

Ⅷ　新しいパラダイム論の構築へ

1．パラダイム論

ぜひとも皆さんに読んで欲しいのは，村山・山本（1995）の「心の問題への２つのアプローチ」（表１）である。この提案の重要性は，スクールカウンセラー事業が展開するスクールカウンセラーの臨床活動を支える「知の構造」を明確にしたことにある。

従来の自然科学的アプローチの特徴を「修理モデル」と名づけ，カウンセリングのアプローチを「成長モデル」と名づけている。「成長モデル」こそ，医師や生徒指導型の教師が持つ指導観，人間観と異なる臨床心理士の専門性を明確にしたものであると主張している。修理モデルは「ニュートン－デカルト・パラダイム」であるし，成長モデルは，「複雑系モデル」とも呼べる。臨床や教育の指導法には，その前提になっている「知の構造」があるし，人間の見方や価値観が含まれていることを認識しておかねばならない。

2．欧米のパラダイムシフト

伊藤亜矢子（2011）が1990年代から2010年までの欧米におけるスクールカウンセリングのパラダイムシフトを概観していている。

伊藤によると，1990年代のスクールカウンセラーのパラダイムは「個人からシステムへ」「治療から予防へ」と力点が移動してきている，と指摘している。これは，日本のスクールカウンセラー事業が始まった平成７（1995）

表1　心の問題への二つのアプローチ（村山・山本，1995）

修理モデル	成長モデル
症状の管理 症状の除去 （医師）	発達課題 心の成長・成熟 （臨床心理士・カウンセラー）
コントロール 　自然科学的アプローチ 　自然の支配	意味の理解 　解釈学的アプローチ 　自然と共に
対象化 　主・客の分離	共感的理解 　参加の意識
Doing 　能率，効率，無駄を切る	Becoming, Being 　見守る，待つ，支える
男性原理 　切る	女性原理 　包む
直接的時間，変化 　進歩・生あるのみ	円環的時間，変化 　死と再生
研修，訓練，指導	気づき，自己を知る
光の世界 　意識 　組織で活躍している部分 　私と思っている私	影の世界 　無意識 　活躍できていない部分 　もう１人の私
Active な知 　（働きかけの知）	Passive な知 　（受身の知）

年とほぼ軌を一にしている。アメリカスクールカウンセラー協会は，小集団活動や問題を学級に位置づけ直し，生徒相互の援助力を強化している。

IX　PCA グループの実践と展開

日本では，村山が「PCA グループ」（第３章参照）を提唱し，中学校，看護学校，大学での実践を積み重ね，効果を示す実証的研究データも積み重ねている。

因子分析によると「自分らしさの肯定」「メンバー相互のつながり」「個人の尊重」など，従来の集団主義的グループではなく，一人ひとりを認め，他人との違いも認めることが，相互のつながりを持てるクラスの風土をつくりあげている。学校臨床心理士が学校で有効に使える一つの方法として注目している。

1．PCA グループの経緯

15 年前から，スクールカウンセラーの発展で教育分野にエンカウンターグループ（EG）が展開するようになり，新しい課題にぶつかった。参加者側の特徴の変化を以下にあげる。

①大学生や高校生にグループ嫌いの人が目立ち，対人不安傾向の強い人が目立ってきた。
②必修授業なので，強制参加である。
③学校時代の「合宿訓練」のイメージが悪い：集団に合わせられる体験・自分を表現できない体験として残っている。

上記のように非構成 EG と呼ばれる自発参加から開発された手法だけでは十分対応できない。そこから非構成・構成にとらわれない手法である「PCA グループ」を工夫している。いろいろ試行錯誤を重ねているところである。

2．PCA グループの特徴

①はじめに集団ありきから，はじめに個人ありき。
②初期不安の緩和。
③心理的安全感の醸成。
④所属感の尊重：天岩戸方式（出入を認める），「参加しないという参加のしかた」を認める。
⑤プログラムの順序性。
⑥参加者相互の援助力。
⑦セッションだけでなく，ワークショップの全期間がふれあいの場である。
⑧お任せセッション。
⑨バラバラで一緒。

現在，大学，大学院，看護学校，中学校等で実施しており，今後，小・中学校，高校への展開が課題となっている。また，リサーチで効果測定などを始めている。グループの可能性としては，シュピーゲルらの研究に注目している。

X　PCAGIP 法について

最近，私が開発している「PCAGIP 法」という新しい事例検討法を適用してみると，クライエント側が自分の生のために，意識的・無意識的にさまざまな支援ネットワークを結んでいる実態が明らかになってきている。

援助ネットワーク図を見ると，援助者は自分がこうしたネットワークの中でどんな役割をはたしているか理解していくことが援助者側の支えになることが明確になってきたのである。

まとめると，

1）簡単な事例提供資料からファシリテーターと参加者が協力して，参加者の力を最大限に引き出し，その経験と知恵から事例提供者に役立つ新しい取り組みの方向や具体策にヒントを見出していくプロセスを学ぶグループ体験である。
2）構造は，ファシリテーター，記録者，事例提供者，メンバーに分かれ８名程度の人数で構成される。
3）情報共有のための黒板２枚が必要。
4）約束としてメンバーはメモを取らない。
5）事例提供者を批判しない。
6）結論はでなくてもよい。ヒントがでればよい。
7）手順は，① B5 １枚程度の資料を用意する，②メンバーは順番に質問して，事例の状況を理解することに徹する，③質問と応答は，黒板に記録係がとる。

PCAGIP 法成り立ちの経緯

スクールカウンセラーが学校現場でできる事例検討やカンファレンスのの探索など，特に院生のために考えられた方法である。院生の学会発表のコメントで傷ついた体験などをしないようにする工夫であり，EG とインシデントプロセスを組み合わせた方法である。

XI 新しい人間関係ネットワークパラダイム論の構築へ

従来のパラダイム論に不足していることは，人間がつくる複数の対人ネットワークの重要性を認めるネットワーク論である。

クライエントは，セラピストとクライエントの二者関係の重要性だけでなく，クライエントを取り巻く多様な人間関係の中で育つ。いかなる問題も，当事者だけでなく，その背景に多様で複雑な人間関係の文脈がある。

学校コミュニティでは，児童に直接に関わる人として，両親，きょうだい，親戚，近隣の人，教師，部活の顧問と部員，担任，養護教諭，クラスメイト，友達，塾の講師や友達などがいる。人間関係ネットワークをつないだり，修復したり，その意味を確認する作業は重要である。

XII 終わりに

最後に個人的感慨を述べさせていただきたい。日本のスクールカウンセリングの世界に歴史的かつ画期的事業に，深くコミットする幸運に恵まれたことに，心から感謝している。17 年間にわたる，時に厳しく，わくわくする活動であった。そこから生まれたシステムや成果を述べ，今後の発展の方向と課題にも触れておきたい。

現代という時代精神は，「Doing」と「Being」の文化の亀裂が大きいところにあり，その調和，統合，ないし緩和を求めて，世界中の政治，社会，文化が揺れている。教育現場も例外ではない。

学校というところは，そうした亀裂が生徒の心の問題として最も顕著に表現される場でもある。

これからの心理臨床で，カウンセラーの成長を考えた時に，やはり私は，村瀬嘉代子臨床心理士会会長（当時）も言われているような，統合モデルがこれから一番大事にされていくべき大切な方向ではないのかと考えている。なぜかといえば，ひとつは，コモンファクターの時代ということで，2000 年からアメリカで画期的な研究がでてきており，いろんな流派に関係なく心理治療の効果の要因がわかってきているからである。有名なものにランバートやノークロスの研究があって，いずれも流派に関係なく心理治療をするためには共通の治療要因があきらかになりつつある，という結論が出ている。有名なランバートのものは，クライエントの力，セラピストのスキル，クライエントの期待，セラピストとの関係性などが治療要因として働いているとしており，治療要因のうち，関係性についてが30%，クライエントの力が40%，セラピストのスキルが15%というようになっていると言われている。いずれにしても，リサーチの結果，セラピストの臨床経験を検討し，セラピスト自身のこころの中で統合するプロセスを生きることがポイントである，統合していくアプローチというのが出てくるようになると思われる。

しかし一方で，アメリカの統合論に問題を感じるのは，アメリカの本を読むと，理論を統合して，それが統合だと，どうも考えている節があるところである。これは間違いではないが，統合というのは，セラピストがいろいろなクライエントに当たったり，いろいろな理論を取り込んだりしたり，間違ったり，挫折したりしながら，そこでもって，いわば，自分なりのものをつくる，それが統合的な心理療法だと私が理解していることを強調したい。

であるから，A先生はA先生の統合のあり方，B先生はB先生の統合のあり方というのがそこに生まれてくると思う。これからはその人らしい自分なりの感覚を鍛え，自分なりの新しいあり方をつくっていく。そういう方向が大事なのであって，自分にないものを大切にするのではなく，自分の中にある自分の資質に気づいて，マイペースでそれを育てていき，そして，自分の体験から自分自身の実践知にまとめていく，そして絶えず変化していくこと，学ぶこと，揺れながら成長にこころをひらいていくこと，などを大事にしていくことが，ある意味で統合療法を成り立たせる大きな要因だと考えている。

注）本章は，2012年8月4日に標題の第17回学校臨床心理士全国研修会における基調講演の内容をもとにしている。その後，発表原稿を基に，加筆・修正を加えたものである。

文　献

Cooper, M. (2008) Essential Research Findings in Counselling and Psychotherapy: The Facts are Friendly. SAGE Publications.（清水幹夫・末武康弘・田代千夏・村里忠之・高野嘉之・福田玖美訳（2012）エビデンスにもとづくカウンセリング効果の研究—クライアントにとって何が最も役に立つのか．岩崎学術出版社.）

本間友巳（2001）保護者から見た学校臨床心理士（スクールカウンセラー）活動の評価—全国アンケート調査の結果報告．臨床心理士報，12(2); 12-27.

伊藤亜矢子（2011）学校風土・学級風土の視点から見たスクールカウンセリング．『臨床心理学』増刊3号，金剛出版，pp.104-108.

伊藤美奈子（2000）学校側から見た学校臨床心理士（スクールカウンセラー）活動の評価—全国アンケート調査の結果報告．臨床心理士報，11(2); 21-42.

村山正治（1998）新しいスクールカウンセラー臨床心理士による活動と展開．ナカニシヤ出版.

村山正治・山本和郎編（1995）スクールカウンセラーその理論と展望．ミネルヴァ書房.

村山正治・滝口俊子（2007）事例に学ぶスクールカウンセリングの実際．創元社.

村山正治・滝口俊子（2012）現場で役立つスクールカウンセリングの実際．創元社.

村山正治・森岡正芳編（2012）スクールカウンセリング・総験知・実践知とローカリティ．金剛出版.

岡本淳子（2011）コーディネーター論．『臨床心理学』増刊3号，金剛出版，pp.115-118.

鵜養美昭（1995）スクールカウンセラーとコミュニティ心理学．In：村山正治・山本和郎編：スクールカウンセラー—その理論と展望．ミネルヴァ書房，pp.73-74.

第2章

パーソンセンタード・アプローチとオープンダイアローグの出会いから生まれてきたもの

──21世紀のあたらしい心理臨床のパラダイムを求めて

I　はじめに

現代は人類史における大転換期である。毎日の新聞・デジタルニュースなどを見れば，世界中で紛争やテロ事件などが頻繁に起きていること，地球の温暖化防止が待ったなしの状態であること，新型ウイルス感染の蔓延などが目や耳に飛びこんでくる。世界のいたるところで，新自由主義に代わる新しい資本主義や社会主義の論争が賑やかである。心理臨床の世界でも既存の枠組みで処理できない，不登校，ひきこもり，いじめ，虐待など課題がたくさん生まれている。

現代社会の課題にさまざまなアプローチがあることは小熊英二が『社会を変えるには』（講談社現代新書，2012）でレビューしている。私は現代の課題は「対話による社会変革の時代であり，一人ひとりが自分らしく生きる社会を創り出すこと」（村山，2019）と感じている。

こうした社会の実現に向けて，パーソンセンタード・アプローチ（PCA）の視点から，特にエンカウンターグループやPCAGIPなどを通じてささやかな社会変革に取り組んでいる。

今回，社会変革を正面から打ち出しているPCAとオープンダイアローグの2つを比較してみたい。どちらも「対話的実践研究」であり，新しい人間観，科学論を通じて現代社会の変革に挑戦しているアプローチである。その2つのアプローチを体験した経験と文献整理から，21世紀を生きるパラダイムの方向性を考え，この2つのアプローチの強みを生かして社会変革を進めていく方向を探りたい。

オープンダイアローグ（OD）は，フィンランドからの贈りものといわれる「対話の思想」を作り出したアプローチである。その思想を「PCA の思想」と比較しながら共通点を探りその特徴を素描する。特に今回は「OD 実地体験」〜「体験整理」〜「文献整理」〜「総合展望」という手順で論を展開する。「対話の思想」を学び，検討するにあたって，本章では 4 部に分けて記述することにしたい。

1．まずフィンランドまで出かけ，直接 OD 体験学習をして，どんな感じがしたか，その体験をまとめる。
2．体験の意味を整理するため，斎藤環，高木俊介，下平美智子，森岡正芳ら，先達の書籍，論文を読み，それらを参考にして体験の意味を整理，確認してみる。
3．PCA と比較しながら両者の共通点を理解し，新しいパラダイム論としての方向を論ずる。
4．今後の課題として，日本におけるこれからの実践と展開を考える。

II　OD・AD との出会いの日程と経過（表 1 参照）

1．トム・アンキルとの AD 体験

我々一行 12 人は 2017 年 8 月 13 日の 10 時から 16 時 30 分までフィンランドの首都ヘルシンキで AD（Anticipation Dialogue；未来語りのダイアローグ）の開発者トム・アンキル Arnkil, T. による AD のワークショップに出席した。アンキルは，夏季休暇中であり家族とヨットのクルージングの途中だと語ってくれた。

ここで AD のロールプレイ体験をすることができた。また冒頭の講義では私の事前質問にも答えてくれた。アンキルは若いころ（1960 年代か）社会改革を志して頑張ったが，しかしある活動で挫折し，その後一人ひとりの人間を大切にしていくことが社会変革であると気が付いて以後，AD に打ち込んできたらしい。学問的背景は社会学，福祉系の出身である。ロジャースとの関係では「弟が臨床心理学者なのでロジャースのことは聞いたことがある」と話した。つまり AD・OD 理論はロジャースの理論とは無関係にアンキルたちの臨床体験や，フィンランド独自の文化，社会システムから生まれてきた

表1　研修スケジュール

8月13日	アンティシペーションダイアローグ(AD)ワークショップ(Arnkil, T. 氏)
8月15日	ロヴァニエミ市のAD実践および養成講座参加者との対話(Jukka, A., Hakola 氏とロヴァニエミ市のファシリテーターおよびトレイニー)
8月16日	SOTE改革（医療と福祉の統合）ミーティングの視察
8月17日	ケロプダス病院でODの講習

と考えられると感じた。PCA・ODの両アプローチは別々のルートを登山しながら，共通の頂上に到達している登山隊を連想した（今回の研修では，オープンダイアローグの創始者ヤーコ・セイックラ Seikkula, J. に会うことができず大変残念であった）。

2．ユッカ Jukka, A. の「SOTE改革」[注1)]

現場見学

ロヴァニエミ市の8月15日9時から14時まで現場見学を行った。ADは14年前から公共サービスに導入され，3名の市職員がネットワークコーディネーターでその下に30名のファシリテーターが活動している。当日，我々は2階席から見学していた。100名ほどのラップランド地方の自治体・団体が集まった壮大な社会実践の場を見学できた。これは正直なところ私には十分理解できなかった。壇上では，患者代表，医師代表，市長が討論していたが，平行線のように感じた。

午前中にいた100人が午後には50人程度に減少しており，ADの難しさを感じた時間になった。私が学んだことは，ADをツールとして自治体を巻き込んで社会変革に挑戦しているプロセスを我々に参加させるユッカ氏の力量と勇気と姿勢であり，感動した。

注1）SOTE改革：フィンランドでは利用者はまず保健センターを受診し，そこから必要に応じて，適切な病院を紹介される。改革では，利用者自らが公共，民間の医療サービスを自由に受診することが可能になる改革である（本山智敬，アンティシペーションの現場から見えたもの（永野ら，2017，pp.36-40.））。

3．市のファシリテーター養成講座参加者との出会い

10名ほどの方がそれぞれ「自分語り」と，私たちの質問に応えてくれる時間になった。

4．森下圭子通訳によるフィンランドについての講演

私どものたってのお願いでムーミン研究者でもある森下さんのお話を聞く機会を得た。AD，ODの話だけでなく，フィンランドの文化，社会，教育，経済の動向などフィンランド全体の理解に大変参考になった。私は「ムーミン」に関心を持ち帰国後，トーベ・ヤンソン『ムーミン谷の十一月』を読んでフィンランド文化を味わうことができた。

5．ケロプダス病院でのスタッフとの対話

8月17日には，期待していた「対話の時間」を体験した。精神科医1名，心理士2名，看護師1名のスタッフと2時間の対談でODの発祥起源，現状，チームの信頼関係の維持などそれぞれが「自分語り」をしてくれ，とてもインパクトの残る時間になった。私にはOD実践者たちの生の声がとても心に響いた。午後からはリフレクション実習体験をして終了した。

III　私たちはなにを学んだか――ODの直接体験

視察旅行の全体像を紹介したので，仲間たちと私の生の体験文を読んでもらい，OD研修体験のインパクトをお伝えする。

①私たちに大変大きなインパクトを与え，たった5日間の視察研修体験に，とても豊かで大きなインパクトを受けた体験だった。
②私たちのOD・ADの事前知識は，『オープンダイアローグ』（高木ら訳，2016）と斎藤環の『オープンダイアローグとは何か』（2015）を読んでいた程度である（もっとも当時そのくらいしか文献がなかった）。仲間の本山智敬が東京で2017年にセイックラやアンキルの研修に出席していた。私はこのとき本山から報告を聞いて，関心を持ったことを覚えている。本山は今回3度目の体験である。

また，私たちの研修参加チームの特徴は以下のようであった。

1）メンバー構成は福岡人間関係研究会に所属して，エンカウンターグループを実施してきたファシリテーター集団で，お互いをよく知っている仲間である。
2）研修視察ツアーコンダクターは村井美和子，通訳は森下圭子（ムーミン研究者，フィンランド在住）
※5日間のオープンダイアローグ研修視察体験――フィンランドのケロプダス病院を含むOD・AD体験

筆者にとって，今回のオープンダイアローグ研修視察体験は「PCA思想との再会と復活」と表現できる貴重な体験であった。オープンダイアローグを通して，PCAの理論，関係論，人間観，価値観を再発見，再評価の確認ができた体験になった。それらの共通点を書いてみたいと強く思わせてくれた貴重な体験であった。

ケロプダス病院スタッフとの対話から学んだこと

ここでは4人のスタッフから学んだことを挙げておきたい（ただし，4人からの掲載許可をとっていないため，仮名で掲載する)。

1）看護師Aさん（女性）との対話[注2）][注3）]

Aさんの話は聞いていて，ケロプダス病院でODモデルをセイックラさんたちと自分たちと仲間の臨床体験から創り出してきた自信と誇りを感じた。熱のこもった話し方であった。筆者がその留意点を7点にまとめた。

①チーム組織の作り方，医師とのヒエラルキーの変化。
②養成訓練としてスタッフ相互の声を聞くためのファシリテーター訓練，

注2）Aさんの記述や看護師チームなどの実状を知るには，村久保雅孝・井内かおるの感想（後述）が参考になる。
注3）ケロプダス病院でセラピストとして実践・活躍している人々の多くが看護師である（白木，2019)。

リフレクティング，家族療法体験の体験実習といった訓練を２年程度受けている。

③チームワークが大切。どんなに大変でも皆で一緒にやることが大切である。

④クライエントではなく，スタッフ相互の考えの相異などを理解する。

⑤自分自身が安心してしゃべれる場であること。

⑥２人チームで対応している。以後も２人が中心に担当する。

⑦早期対応を最重視する。

２）心理士Ｂさん（男性）との対話――「オープンダイアローグ」は「メソッド」でなく「イデオロギー」だ!! の叫び

①リサーチではなく質的研究で学位取得の挑戦

私はこの心理士との対話が一番印象に残っている。現代の医学や心理学の領域の中で「エビデンス主義」の潮流は大きい。Ｂさんはこの病院の心理士として，オープンダイアローグを体験した患者さん達に面接を行い，それらの質的研究を整理して，博士学位論文を書いている最中とのことだった。

私自身はこの話を聞いて，彼の挑戦にエールを送った。事例研究などで学術論文など書くことは，医学領域ではエビデンスを求める実験研究でないと評価されにくい状況が生まれている。私は日本の状況を述べて，「あなたの挑戦は素晴らしい。臨床体験の分析から新しい発見や仮説が生まれる」など話したところ，通訳が名通訳なので，見事に話が通じた。彼は「大変勇気をもらった」とお礼に彼の研究内容を話してくれた。

②データに関して印象に残った話

「自分自身で治した」「よく聞いてもらったことが役立った」「病名をつけてもらわなかったことが貴重であった」「就職の時，病名が履歴書になくて助かった」。

３）精神科医Ｃさん（男性）

精神科医だが昔は産婦人科医だったこと，現在の受け持ちクライエントの数も教えてくれた。以下は筆者が受け取った意味付けである。

２つのことが印象に残っている。「クライエントさん自身が自分自身の専門家だ」との言葉。これはPCAの人間観と通底している。この人間観は「クライエントセンタード」のエッセンスである。もう1つは「私はお産を経験したことがないので，お産の喜びや大変さなどまったくわかっていません」であった。これも常識的には当たり前のことを言っているととらえがちであるが，PCA の 19 命題の人格理論の第1条に該当する。人間はその人自身しか自分のことを理解できないこと（人間の代理不可能性の原理）。人生の主人公は（専門家でなく）その人自身であることを意味する。だからその人の自己理解，他者理解を促進するのが専門家の仕事になる。PCA の人間理解の基本概念である「内的照合枠」と「外的照合枠」にも通じるものである。

4）私たちの感想

次に，高松里・村山尚子・井内かおる・村久保雅孝・永野浩二・村山正治の感想を紹介する（筆者が適宜抜粋した。詳細は高松ら（2018），永野ら（2017）を参照のこと）。

高松　里

統合失調症とは，脳の中の神経伝達物質の問題であろうと考えられてきた。統合失調症という病気は，最終的には脳科学によって解明され薬で改善される。だから心理学は脳科学が治療できない残余部分を担当するものに貶められつつあった。

しかし，統合失調症という「脳の問題」は，実はこの病気の本質的なものではなく，もしかすると，その症状によって，この世界から切り離されること自体が後のさまざまな症状を形成するとは考えられないだろうか。統合失調症に限らず，うつであれ，発達障害であれ，犯罪者であれ，外国人のメンタルヘルスであれ，本質は脳にあるのではなく，我々のコミュニティ側の理解力や包容力（つまりは経験の言語的蓄積）にあるのではないか。

そうであれば，心理学にできることはいくらでもある。世界から落ちつつある人をこちら側に引き戻すためには，関係者全員の協力が必要である。そのためには，関係者すべての人が対話し，それぞれの経験の言語化を行い，それを蓄積し，また別の人にその言語を届けていくことが重要である。

OD が見せてくれる未来の風景とは，人びとが助け合うという当たり前の世界である。この世にはびこる医療化（すべてを医療で扱おうとする）や権威主義（力のある人の意見は正しい）に対抗し，ごく普通に生きている人間の世界を取り戻そうとするものであるように私には思えた。

「ODが今後，打ち上げ花火のように一種の流行として終わってしまうのか，あるいは我々の臨床活動の力強いバックボーンの一つになっていくのかは，これからの我々の実践と検証にかかっている。長時間，我々に付き合ってくれた病院スタッフの皆さんの熱意に応えるためにも，そこでいただいたものを，大切にしていきたいと思っている」。（高松ら，2018，p.80.）

村山尚子

① AD，OD（の研修）ではまず参加者がそれぞれ自分自身のありのままを生きることができるような場が提供される。
②ポジティブな方向に視点を持ちながら，共に新しい道をたどる「つながり感」。
③ミーティングが「対話的である」。
④実践研究から生みだされたガイドライン「7原則」は「教え」や「技術伝授」でない。対話性への信頼をもとに活動している基本的姿勢の支えになっている。
⑤ OD，AD という理論や実践を通して，その技術や教育も学習したが，私たちを惹きつけたものは，①に述べている参加者も，講師も対等な一人の人間として語り，耳を傾ける体験だった。対等性である。
⑥われわれ一行がフィンランドに行き予想外に元気になって帰国できたのは確かであろう。…（中略）…視察研修で出会った現場の人々から感動をもらった。

それは技法を超えた人間への信頼や肯定感にたくさん触れられたからだと思う。現地のスタッフやファシリテーターが生き生きとしている訳について書いてみようと思った筆者はこうした文章にしながら，日常で今も活躍できている自分自身を眺めて肯定的に出会うことができたと思っている。（永野ら，2017，pp.25-27.）

井内かおる

《「OD はイデオロギー」にこめられた意味》

「開かれた対話」とか，OD を行う際のポイントをなぞるだけはうまくいかないのではないか。…（中略）…良い臨床を行うためには，スタッフ個人，スタッフ間のコミュニケーション，職場全体の空気がどうあればいいのか…（中略）…，なぜケロプダス病院でのこの取り扱いがうまくいっているか。彼らは何をめざしているのか。そのエッセンスは何か。日本の職場でこのエッセンスはどのような形で実行可能か，そうした対話を繰り返して，良い実践が自然と生まれるような職場環境を整えていくこと，自分の職場に合ったODのスタイルを共同作業で作りあげていくこと，それが大切である。

「ODはイデオロギーでない」という言葉に込めた意味なのではないか。そう感じられた。（高松ら，2018，p.77.）

永野浩二

《ダイアローグというあり方と当事者性》

ダイアローグとは何か？　それは結論を出すことを目的とするものではない（ただしダイアローグを重ねていると自然とより豊かな結論が結果的に出ることがある）。筆者（永野）の理解では不確かさに耐えながら・関係（やりとり）の中で一緒に生み出していくことで何かが生まれていくプロセスをともに体験することである。

アンキルの言葉「専門家はたくさんの概念を知っている。その概念を相手の発言を当てはめると相手の個性を消すことになる。ODではそうしないため声の数を増やしたのです。大事なことは一つひとつの声をきちんと聴くことです。対話とは同じ見方になることでなく皆が対話の前より少しずつ豊かになってそれぞれの立場により良い理解が増えることです」と語った。

《耳を傾けること，応答すること》

AD，ODのスタッフは一貫して「耳を傾けること傾けられる体験が最も大事である」ということであった。…（中略）…両者に共通していることは，人は聞いてもらうだけで（肯定的な方向に）変われるという強い信念であり，その姿勢は徹底したものに感じられた。つまりそれは単なる技法としてのそれでなく人間観であり生きる姿勢と知ってそう感じられるものでした。

当事者としてその場にいると言うことは，ダイアローグが成立するための重要な条件だと思う。ダイアローグには，当事者としての責任がセットになっている。「当事者としての責任」というと重い響きがあるが，アンキルのロールプレイの雰囲気は，誰かから何かを突きつけられる類のものとは大分違うと感じた。現地で筆者が会ったAD，ODの実践を行っている人たちも同様で，彼らは皆，自然であり，クライエントを尊重し，わからないから関心を持って聞こうとし，ミーティングの参加者と共に作っていこうとする姿勢を感じた。当事者性が成立するためには,「その人自身の話に大切に耳を傾けてくれる他者の存在」が必要なのだと思った。AD，ODは，そこに応答してくれる聴き手（場）を作ることを大事にしている。日本で言う「責任」は「自己責任」という言葉で連想されるような関係から切り離されたニュアンスを伴い，そこには「孤独」のイメージがある。一方，ダイアローグの場にあるものは常に関係である。当事者性は関係性に支えられている。それは一人ひとりを主人公にして尊重しあう繋がりを伴うものだと感じられ，ここにダイアローグの可能性があると思った。（永野ら，2017，pp.32-35.）

村久保雅孝

《医療チームを育てる》

ケロプダス病院に行って分かることは，素晴らしくアットホームな雰囲気であった。その雰囲気が，オープンダイアローグの医療チームを育てることに貢献していると思われた。ケロプダス病院の医療チームは，プライベートな面にも立ち入りながらチームとして育っていく。フィンランドの国民性，もしくは価値観としての個人主義（徹底して個を尊重する）にあっては，個々が多少近づきながら「チームにしていく」ことが必要なのだろうし，そうしても個々が主だから個々の混同はおきにくいと思われる。これが，個々が従に押しやられがちな文化の中では，息苦しさや不自由さを醸し出し，何らかの違和感を生むかもしれないと思われた。

「近づく方法」もまた，魅力的であった。たとえば，スタッフがミーティングを行なったり，ときにはくつろぐスペースの壁には，フィンランドといえばムーミン，という感じでムーミンのプレートなどが飾られている。そして，一角には，スタッフの一人ひとりをムーミンの物語に登場するキャラクターになぞらえてキャラクターの絵やメッセージが添えられたカードが並べられている。また，隣のキッチン・スペースには，ムーミン・キャラクターのマグカップなどが，その人その人に合わせてそろえられていた。

このようなことも含めて，時間をかけて，チームとして育てていく。単にその時だけ集まって「チーム」を名乗るのではない。さまざまな意味やレベルで「お互いをよく知っている」チームなのである。だからこそ，機敏に柔軟に，お互いを支えあいながら，すなわち「7つの原則」の実現に資することができるのだろう。（村久保，2019）

本山智敬

《研修のおわりに》

AD，ODの実践と理論に，私たちは沢山の刺激を受けた。また，その中には私たちがこれまで大事にしてきたこととの共通点も随分多いと感じた。一方で相違点もいろいろと見つかった。日本でどう実践するのか，我々の今後にどう活かしていくのか，というのは課題でもあるが非常に楽しみな部分でもある。すでに，今回の研修ツアーのメンバーの中には，日常の臨床に活かしている者や，個人の生活へのヒントとしてADを使っている者もいる。まだまだ語ることは可能であるが，この先は実践を通してその内容を検証していく必要があるだろう。（高松ら，2018，p.40.）

村山正治

《社会変革志向》

トムさんの社会変革論，ユッカさんの社会的実践，ファシリテーター養成システム，看護師Aさんによる精神科医療の大改革の一端に触れることができて感動している。森下圭子さんのフィンランド社会・経済・教育・文化論，村井美和子さんのコーディネーターのご支援に心から感謝したい。

私としては，まずPCAとオープンダイアローグの共通点，接点が多いことに安心感と共通の課題意識を感じた。フィンランド社会から生まれたオープンダイアローグと米国生まれで私たちが日本で実践してきたEG（エンカウンターグループ）運動と比較すると，日本ではEG運動が政治や社会変革と結びつきにくい点が際立った特徴であることに気づいた。

新しくオープンダイアローグを社会変革のツールとみるとき，日本文化の中でどう展開できるか，その成立条件をどう創るのかが重要な課題であると感じた。この思想・哲学を日本の文化・社会の中でどう生かせるか，「技法論」だけでなく，「対話の思想」として受けとめていきたい。

Ⅳ　文献からの理解：ODとは何か――定義・歴史的背景

OD体験に刺激され，帰国して遅ればせながらにOD関連の文献を読み漁った中でたまたま私たちの体験理解に特に役立つ下平美智子の論文に出会った。筆者は彼女の論文にとても親近感を抱いたので，以下は下平論文を引用することが多い。下平美智子に感謝したい。

1．ODの定義

フィンランド北部のトルニオ郊外にある公立の精神科専門病院であるケロプダス病院で，1980年代に開発された地域精神科医療の取り組み全体を指す名称である。名付け親は，開発メンバーの1人で家族療法家であるセイックラ教授である（下平，2017）。

2．1980年頃のフィンランド精神医学の状況

筆者は，新しい治療方法が生まれてくるとき，また活用されるには当初の社会状況要因を考慮することが大切であると考えている。

ロジャースが1942年に「非指示療法」を提案したときは，米国は世界に兵隊を派遣し，1944年に第二次世界大戦後の大量復員軍人のケアが時代的要請であり，ロジャースの新しい方法は結果的にその社会的要請に役立ったのである。心理療法・カウンセリングを医師の独占から解放した画期的改革であった。

1980年代初頭はフィンランドでは精神医療の変革期であり，精神科病床数削減と長期在院者の地域移行を推進していた。セイックラら心理士3名，看護師2名，精神科医2名の陣営だった。白木（2019）によればNAT（ODの原型となったAlanenの「ニーズ適応型治療」）とは「治療や家族への支援をその時の状況での彼ら（クライエントや家族）のニーズに応じて多様かつ柔軟に適合させるべきだ」とする考え方である。家族療法のトレーニングを受けた精神科医，看護師，心理士が2～3人でチームを組み，傾聴に注力し，投薬・入院を必須にせず，個別にニーズに合わせる治療法を提案し，実践していた。

3．システミック家族療法からの転機

1）オープンダイアローグが生まれるきっかけ

セイックラらスタッフは「家族のシステムを治療する」方法は「家族は治療チームが与えた課題に従わなかった」経験から，チームは「家族は計画されたプランの単なる受け手でなく…（中略）…共有されたプロセスの積極的な参加者である」ということに気づいた（下平，2017）。この体験から「①ミーティングの下準備なし，②家族や本人のいないところで治療の方向性を決めたりプランを立てたりしない」という今日のオープンダイアローグの原則が生まれてきている。

2）アンダーソンの対話的言語ベースの家族療法

「はじめに臨床実践ありき」

下平（2017）は「OD 草創期のメンバー達は，先に依って立つ思想があって，それに基づき実践があったわけでない」と指摘している。

まず草創期メンバー達の創造的な問い「精神病って何だろう。もしこの名前がなければ，病気は存在しないのではないか。病名があるから烙印を押されるのでしょう」が優先していることに注目したい。ベイトソンやバフチンの理論から出発したのではないことを強調したい。草創期のメンバー達の地道な臨床活動，困難な事例との取り組みの中で生まれてくる現象を説明するときにベイトソンのコミュニケーション論や社会構成主義，バフチン対話主義や多声論（ポリフォニー）の概念が役立ったのである。

臨床体験から，①傾聴の重要性，②治療初期からネットワークの人達にミーティング（治療）に参加してもらうことなど画期的な発見につながり，やがて７原則にまとめられる（表２）。

このように臨床経験から有効な経験仮説が生み出されるという考え方は，ロジャースの臨床体験を重視し，体験から経験則（仮説）を引き出す実践的研究法に通底している重要なことである。研究姿勢がとても似ていることに注目しておきたい。

アンキルは「私たちの仕事は実践と理論を行き来しながらおこなわれてきたのだ」（Seikkula & Arnkil, 2016）と書いている。

表2　ODの7つの原則

原則	意味
1．即時対応	必要に応じてただちに対応する
2．社会的ネットワークの視点を持つ	クライエント，家族，つながりのある人々を皆，治療ミーティングに招く
3．柔軟性と機動性	その時々のニーズに合わせて，どこででも，何にでも，柔軟に対応する
4．責任を持つこと	治療チームは必要な支援全体に責任を持って関わる
5．心理的連続性	クライエントをよく知っている同じ治療チームが，最初からずっと続けて対応する
6．不確実性に耐える	答えのない不確かな状況に耐える
7．対話主義	対話を続けることを目的とし，多様な声に耳を傾け続ける

出典：Olson, M., Seikkula, J., & Ziedonis, D. (2014) ／訳：ODNJP（2018）

V　21世紀の方向を示す重要なパラダイムとしてのPCA・ODの共通点

私としては今回の体験・文献などをあたり，「ODとPCAは対話を通じた社会変革の最先端を行くアプローチである」と考えるようになった。

以下，永野浩二（永野ら，2017），本山智敬（高松ら，2018）を参考にしながら，今の筆者にできる素描であるが11の視点に整理した。

①当事者信頼・重視
②社会変革志向
③方法でなく対話の思想・PCAの思想
④問題解決でなくプロセス志向
⑤態度志向（スキルより態度）３条件モデル
⑥究極は愛：関係論
⑦いま・ここを強調
⑧あたらしいヒューマンサイエンス志向・対話実践の科学・人間の科学
⑨コミュニティ志向：ネットワーク論（地域，時間コミュニティ），エンカウンターグループ（時間コミュニティ）

表3　OD の対話実践の 12 の基本要素

1．本人のことは本人のいないところでは決めない
2．答えのない不確かな状況に耐える
3．治療ミーティングを継続的に担当する２人（あるいはそれ以上）のスタッフを選ぶ
4．クライアント，家族，つながりのある人々を，最初から治療ミーティングに招く
5．治療ミーティングを「開かれた質問」からはじめる
6．クライアントの語りのすべてに耳を傾け，応答する
7．対話の場で今まさに起きていることに焦点を当てる
8．さまざまな物の見かたを尊重し，多様な視点を引き出す（多声性：ポリフォニー）
9．対話の場では，お互いの人間関係をめぐる反応や気持ちを大切に扱う
10．一見問題に見える言動であっても，“病気”のせいにせず，困難な状況への“自然な”“意味のある”反応であるととらえて，応対する
11．症状を報告してもらうのではなく，クライアントの言葉や物語に耳を傾ける
12．治療ミーティングでは，スタッフ同士が，参加者たちの語りを聞いて心が動かされたこと，浮かんできたイメージ，アイディアなどを，参加者の前で話し合う時間を取る

出典：Olson, M., Seikkula, J., & Ziedonis, D. (2014) ／訳：ODNJP（2018）

⑩対人関係の政治・対等性
⑪ネガティブケイパビリティ

1．当事者の尊重

OD は「クライエントの自律性と独立性を高めることを目指す心理社会的支援である。それはエンパワメントである。クライエントが自らを助けることを支援することである」(Seikkula & Arnkil, 2016)。

ロジャースは「個人は自分自身の中に，自分を理解し，自己概念や態度を変え自己主導的な行動を引き起こす巨大な資源を持っている」(Rogers, 1987)としている。

両者とも，クライエントが主役で，セラピストはその支援が役割という点では共通している。「専門家がなんでも知っている」との前提に立つ医学モデルの心理療法との大きなスタンスの違いを確認しておく必要がある。「本人のことは本人のいないところでは決めない」（12 要素の 1（表３））も明らかに個人尊重の要素である。

2．社会変革志向

アンキルは「ソーシャル・ネットワークを活用することで，心理社会的問題に対してどのような支援ができるかを示し，ネットワークを使った実践の最も大切なところを明らかにすることである」と述べている（Seikkula & Arnkil，2006; 邦訳，2016，「はじめに」ix）。

OD は「専門家の専門知識だけでなく，クライエントのパーソナル・ネットワークがぜひ必要である。ネットワーク・アプローチは私的領域と公共領域の間の境界領域に起こる相互作用を変容させる。これは従来の専門家システムへの挑戦である」ともいう（前掲書，2016，p.198.）。

これらの文章から明らかなように，OD は社会変革を目指していることがわかる。単なるセラピー技法ではない。

PCA のロジャースが「静かな革命家」と呼ばれているように，心理療法における「医学モデル」への挑戦，診断よりクライエント理解や安全な関係の提供が効果的であることを示す膨大なリサーチをシカゴ大学時代に積み上げた。70 歳代から EG を通じて世界平和に貢献した。「ネットワーク」でなく，「エンカウンターグループ」を媒介にして参加者個人の相互理解・自己理解を促進した。これと同じで OD も大きな世界の変化を求めている。

3．対話の思想と PCA の思想

両者とも「技法」という言葉で呼ばれることを好まない。前述のようにアンさんは，OD は「メソッドでなくイデオロギー」と叫んだ。原書の英文タイトルは『Dialogical Meetings in Social Networks』である。セラピーでなく「ソーシャルネットワークス」である。

PCA も「Parson-Centered-Approach（パーソンセンタードアプローチ）」とロジャース（1984）は呼んでおり，両者ともに「セラピー」（心理療法）と呼ばないところに注目したい。療法を超えた哲学であり，思想である。アンキルは OD を「対話の思想」と呼んでいるし，ロジャースは人間論と科学論を備えた「アプローチ」と呼んだ。両者の親和性である。

ロジャースもマルチン・ブーバーとの有名な対談がある。セラピーを「出会い」つまり「対話」と理解していたからこそのダイアローグである。

4．問題解決志向からプロセス志向

日本の社会で臨床心理の専門家は，専門家が「問題を解決する力を持っている「医学モデル」のスタンスに立つことが多い。臨床カンファレンスでも，SV でも，専門家が「問題を解決する」という志向が強い。

私たちに「OD は方法でなくイデオロギー」だと叫んだ心理士アンさんに出会ったことを思い出していただきたい。アンさんの発言は，私たち日本からの OD 研修参加者が OD に「あたらしい問題解決法」を求めているのが目に見えたからだろう。ある時期 OD は「問題解決のあたらしい技法」として輸入された。私たちは PCA の実践と理論に触れてきているので，そこにはとらわれていなかった。

OD の文献を読むと「問題解決より対話だ」という。なぜ対話か？「対話の過程から何かが生まれてくるからだ」と書いてある。何かとはなんだ？「全体がよく見える」「事態の見方が多様になる」「当事者を含めお互いの理解が深まる」。私の OD 理解による回答である。

また，PCAGIP 法を実践してみて，解決を標榜しなくても，当事者たちはいい方向に進むことが多い。問題解決でなく事例提供者の自己肯定感が高まる。そのことによって，問題の見方が変わり，過去の事実は変わらないが事実の見方が変化する。PCA では，問題解決ではなくカウンセラーとの対話の過程で，当事者が「自分自身との対話を始める」。そして見方が変わり，変化をしていく。ここに OD との共通点がある。

PCA の研究作法は，面接場面そのものを素材に使うためビデオやプロセス尺度などにこだわってきているが，なぜこれほどプロセスにこだわるかは，優れたセラピストだけが作れる活きた素材をデータにするからであろう。日本の研究も事例，記述的研究を積み上げていくことが大切である。

5．ポリフォニー・エンカウンターグループ

ポリフォニーはバフチンの言葉であり音楽用語である。多声性と訳されている。私には，この用語は対話からうまれてくる多様性を表現する言葉に聞こえる。

本山（2019）のポリフォニー論の「小説の中に含まれるあまたの意識や声が一つに溶け合うことなく，それぞれれっきとした価値を持ち各自の独自性

を保っている状態」は私共の実践してきたエンカウンターグループ・プロセスで生まれてくるイメージと共通している。「バラバラで一緒」体験に近い。対話というグループを促進するときに役立つ用語でもある。本山によれば水平と垂直に分けられ，水平は対話メンバー相互のヨコ関係の広がりを意味し，垂直はメンバー個人の深い内面に触れることを意味する。

垂直という文脈では，PCAは内面の深さを求めることはあまりないが，そこから派生した体験過程理論やフォーカシングで深めることも可能である。エンカンターグループも雰囲気によって同じようなプロセスが展開しているとみていい。対話の促進に活用できる可能性が高い。

6．態度志向

> 「スキルより態度」「ODはメソッドでない」がODでは大切にされる。「専門家は知識が豊富です。たくさんのカテゴリーを知っています。学べば学ぶほど概念にすべて当てはめてみたくなります。その結果，相手の個性を既成概念に当てはめることで消すことになります」（Seikkula & Arnkil, 2006）
>
> 「しかし，それは当然のことです。そもそも人は自分の観点しかもてない」「私たちは，不確実性なものに耐えることが難しい」「そこで不確実性に耐えるために，ODでは声の数を増やしました」「不確実性に耐えるために，ODではひとつひとつの声をきちんと聞こうとします」（永野，2019）

心理療法の世界では超有名なロジャースの「人格変化の必要十分条件」（1957）の仮説を設定して，セラピストの3条件には，「一致，共感，無条件の肯定的関心」をあげ，この仮説は流派を超えて適用されると仮定されている。最近の研究では，共感が心理療法の流派を超えた「共通効果要因」として注目され，治療効果との相関が高いことが見つかっている（Cooper, 2008）。「スキルより態度」の主張は新しいことではない。しかしODがPCAの仮説と共通していることを確認しておきたい。PCAは聞くことがカウンセリングでも重要な効果要因であることをエビデンスをもとに強力に主張してきている。

7．Here and Now 重視志向

ODの「対話実践12の基本要素の7」は「対話の場面で，今まさに起こっていることに焦点を当てる」とあり，「今ここの瞬間の重要性」を強調している。しかし，私のEG体験からすると参加メンバーに「いつも今ここ」の発言を対話場面で要求すると，参加者が心理的脅威を感じて，この場が心理的安全な場所でなくなる。

この視点もロジャースの「出会いへの道」や「グロリアとの面接」を見れば，プロセスの展開に従って「Here and Now」の発言が増加してくることがよくわかる。フォーカシングの「構造拘束」の人は，絵画などさまざまな媒介を必要とする。ファシリテーターの1人は自作の絵カードを使うことを話してくれた。今後PCAで開発されたさまざまな知見が役立つとしておきたい。

8．愛の感覚

本山（2019）はODとPCAの共通点として「愛の感覚」を挙げている。ODは「意味を共有する世界に参加したときに生ずる，身体レベルの反応のこと」（Seikkula & Arnkil, 2006）を引用している。また，森岡（2019）も「Seikkulaは対話は技法でなく生き方（way of life）である」（Seikkula, 2011）を引用して，ODの対話における愛の重要性を力説している。

PCAのロジャースは，セラピー場面で感じる愛を「クライエントに感ずる無条件の肯定的関心（unconditional positive regard）」または，「所有欲のない愛情」と呼んでいる。この視点が共通であることを確認しておきたい。

9．新しいヒューマンサイエンス志向

これは新しい視点である。これまでのOD関連の論文では触れられていない。なぜか。「ODの12の対話実践の基本要素」（表3）は「科学的仮説」とみなされないからではないか？　私は新しい科学観からすれば，これは有効な「臨床仮説」であり，「対話実践の科学の仮説」として優れた仮説である，と信じている。

アンキルは科学論を展開していて，説明論文が高く評価され，記述論文が評価されないことの問題を論じている（Seikkula & Arnkil, 2006; 邦訳，2016,

9章)。現代の有力な科学論はいわゆる実証研究だけが価値あるとする「エビデンス・モデル」全盛の時代である。ケロプダス病院の心理士Bさんも我々との対話の中で，学位論文作成でこの基準に合わない自分の研究に苦労していたことを語ってくれたことを思い出してほしい。

これはいわゆるニュートン－デカルト・パラダイムを根拠にしている。最近は臨床領域では「質的研究」「事例研究」も認められ，さらに欧米でも「統計的有意差」の意味付けの再検討が「欧米の統計学者」から出ていることに注目したい。

ロジャースは自分の臨床仮説の実証研究に膨大なエネルギーを費やした。彼の臨床仮説が「有害で医師免許無しの医療行為」とする医師たちの批判にエビデンスで答える活動でもあった。OD も事例研究，質的研究で有効性を提示していきたいものである。心理学の研究手法が OD の発展に貢献できる領域である。

10. コミュニティ志向

高木俊介（2016）によれば OD の目指すものは，専門家のネットワークとクライエントのネットワークを持ち込んで新たな社会的共同体（コミュニティ）が生まれるとしている。高木は「私たちはミーティングで生じる新たな理解は，はじめから社会的に共有された現象になる」「患者の人生に非常に重要な人たちとのあいだで新たな理解を持つ社会的コミュニティができあがる」という。

それから脱施設化，患者を入院させずコミュニティで支援する活動である。ロジャースはエンカウンターグループにより，エンカウンター・コミュニティを形成し，安全な人間関係の中で，現代人の孤独をいやし，人をつなぎ，相互理解，自己理解を促進した。やがてロジャースはエンカウンター・モデルを紛争解決に展開し，英国のアイルランド宗教戦争はじめ多くの国際紛争の解決に貢献し，その活躍が評価され 1986 年のノーベル平和賞候補になった。

片や統合失調症の治療，片や戦争や紛争で敵対している人たちの支援と，「困った状況」は異なるが目指す方向は一致している。現代社会が抱えている「困りごと」を人間ネットワークを生かしてコミュニティで抱えて生きていくアプローチである。当事者個人の心理的問題だけに還元しない。

11. 不確実性に耐えること

これはODの7原則の6，12の基本要因の2にも記載されている重要な考えである。現代社会への警告でもあろう。解決志向，黒白だけの二値的思考，効率社会，変化を嫌う動向，寛容でない雰囲気……このようなものに覆われている社会のなかで，対話・プロセス志向のODでは「不確実性」への考えは全面的に必要である。

このことは最近，作家で精神科医の帚木蓬生（2016）が提案する「ネガティブ・ケイパビリティ」に近い考えである。またロジャースの「待つ姿勢」とも近い考えである。ロジャースは「私が自分自身や他人の現実に開かれていればいるほど，事を急いで『処理』しようとしなくなってきている」（Rogers, 1961）と述べている。

ODにおいて重要なのは「近道をして苦しさから逃れようとしないこと」，「他の人を変えたいという思いを避ける」なども PCA との共通点がある。

一方で，ロジャース理論が日本の精神科領域ではほとんど知られていないことに改めて気づいた。“共感”の重要性を説く帚木蓬生の著書も，斎藤環の著書もロジャースは一言も出てこない。共感に関しては，PCA には膨大な文献とエビデンスが蓄積されているにもかかわらず，である。

今回，私がしつこく「パーソンセンタード・アプローチとオープンダイアローグ」という題目にし，オープンダイアローグを後に持ってくることを意識している理由である。対等性，当事者性，対話，聞くことの重視，インテークなし，診断より理解，プロセス重視など共通点が多い。永野浩二（2019），本山智敬（2019）を参考にして作成した表4を参照いただきたい。

12. 関係論

関係では，クライエントとカウンセラーの真実性，一致などが重要である。偽物性はすぐ相手に感じ取られてしまう。ODでは「関係は戦略ではない」という。

アンキルは「スキルよりも関係」を主張する理由として「技法そのものが誰かを援助したり治したりするものでない。心理学的技法をはじめさまざまな相互作用的な方法は，それを使う者の行為として存在している。新たな技法を学ぶと，それは学んだ者の全体に影響する。彼らはクライエントにますます興味を持つようになる。クライエントと新しい関係を結ぶ。自分自身と自分の行為への見方が変わり異なった仕方で話し始める」と指摘している。

この相互作用過程を村山は「共創」と呼び，アンキルは「共進化」と呼んでいる。ODの対話もPCAのEGやセラピーでも「共創」「共進化」が起こることを確認しておきたい。本山は関係の平等性の視点からこの問題をとらえている（本山，2019，p.30.）。ここにも注目しておきたい。

13．対人関係の政治

ロジャースは，対人関係の政治（politics）として「人間の潜在能力」の中でかなり丁寧に述べている。セラピストとクラインとの関係構造の中でクライエントと対等性を論じている。アンキルもこの点はフーコーなどの権力論を引用しながら，ODの対人関係における権力構造と専門性の関係を論じ，対等性を大切にすることの重要性を指摘している（Seikkula & Arnkil, 2006; 邦訳，2016，p.199.）。

VI　社会変革を目指し，PCAとODのメリットをどう活かすか——提案と展開メモ

村山は「現在の時代精神は，対話を通じた社会変革の時代であり一人ひとりが自分らしく生きている社会を創造していく方向で動いていきたい」と主張してきた。

本章ではこれまでOD・ADの実体験，その体験の整理と考察，文献考察により，OD・ADの特徴を私なりに描いてみた。正しい理解でなく，あくまで村山正治の主観的感想である。現時点で生まれてきた視点をPCAとの共通点を新しいパラダイム論として12の共通点ないし共通志向を指摘した（表4）。PCA・ODはいずれも現代臨床心理学が提供する理論枠内の治療論，人間論，科学論から逸脱した挑戦的問題提起である。実際に日本の社会で活用するとき，壁にぶつかることが予想される。

高松里はじめ私たち，フィンランド視察参加者はODをなんとか日本の教育，産業，福祉などの領域で活用したいと願っている。永野浩二・本山智敬は展開の手始めに，PCAと両者の共通点を描き出している。筆者はその第3弾目を書いていることになる。

表4　PCA と OD の共通視点

	PCA	O D
1	当事者重視	
2	社会変革志向	
3	PCA の思想	対話の思想
4	問題解決志向でなくプロセス志向	
5	3条件モデル 態度モデル	態度志向 スキルより態度
6	所有欲のない愛（究極は愛） 関係論	
7	here & now 志向	
8	新しいヒューマンサイエンス志向 人間の科学論	対話実践の科学
9	コミュニティ志向 EG 時間コミュニティ 地域コミュニティ＋時間コミュニティ	ネットワーク
10	対人関係の権威構造 対等性	
11	ネガティブ・ケイパビリティ（不確実性に耐えること）	
12	エンカウンター	ポリフォニー

※永野（2019），本山（2019）を参考に作成

フィンランド研修後の私たちのささやかな活動

1．研修体験の報告書は，永野ら（2017），高松ら（2018），に発表している。

2．高松里が「ネットワーク通信」を設定して，以後，相互にネットワークで連絡している。研修の記録は高松が保存している。

3．第 37 回日本人間性心理学会のシンポジウムで発表。指定討論者は森岡正芳であった。

4．村山正治は 21 世紀研究所セミナーで 2017 年からセミナー「オープンダイアローグと PCA」を実施している。

5．永野は関西で，本山は福岡で AD・OD の実践を積み重ねている。

6．村山正治はPCAの理論と実践を50年近く経験している。ファシリテーター・カウンセラー体験からODのPCAとの共通点・接点を見つける作業を継続してきている。

そこに援軍が現れたのである。森岡正芳編『オープンダイアローグ—心理職のために』（2019）が刊行された。私のようなOD後発学習者にとって，この刊行はOD理解のよきガイドになり，PCAとODの親和性の理解に役立つ。

日本における開拓者の斎藤環が万人の活用を願って，ODの7原則，12要因など翻訳・解説を無料で公開していることなど，OD普及への貢献は極めて大きい。資格なし・無料で活用できる状態にある。筆者も本章で引用している（表2，3）。

ODを心理職のためにと，森岡，斎藤を筆頭にわかりやすく解説した本である。臨床心理の世界とODの世界をつなぐ橋渡しをお2人がやられた貴重なタイミングである。私も仲間たちと深めていきたい意欲が起こってきている。

Ⅶ　終わりに：私がやってみたいPCA・ODの実践の展開

1．『オープンダイアローグ』（2016）の徹底理解。ODは「メソッド」ではなく「対話の思想」として理解する。著者たちの「はしがき」「あとがき」は特に感銘を受ける。また9章も必読である。ただし日本ではあまりなじんでいないテーマが展開されていてすぐに心に入ってきにくいところがある。しかし，対話的実践のための大事な議論が展開されているため，この解説が必要である。新しい科学論も展開されている。
2．ODとPCAの枠組みと日本の既存の臨床心理・福祉・学校などの枠組みとの相違点を語る柔らかい雰囲気の会。対話重視の会。
3．OD 7原則・12原則の解説と体験語りの会：ODNJPの体験，ネットワークファシリテーターの訓練（Seikkula & Arnkil，2006; 邦訳，2016，p.195.）：①経験を共有し，活動を展開していくための実践，②多様性を高める訓練，③クライエントへフィードバックを重視した研究実践，④枠組みを横断するマネージメント構造。

4．PCAの傾聴訓練・EG体験・ファシリテーター養成訓練がODのファシリテーター要請に役立つ。斎藤は「ODは万人に開かれているが，きわめて奥が深い実践である」ので「実践者との対話を継続してほしい」と訴えている。これはPCAと共通する。PCAも「シンプルだけど奥が深い」。高木（2016）は「仏教の修行でいう『往相』と『環相』という言葉を連想しました」と書いている。

5．学校臨床における「チーム学校」をはじめ，福祉，産業など「多職種協働」が合言葉である。「対話」というスローガンと同じく言葉が優先して，現実的意味を持たない状況に「新しい対話路線」の有効性がある。いわゆる「サイロ・エフェクト」にいる専門家集団をあつめて対話する有効性に挑んでみる価値はある。

6．私どもが開発したPCAGIP法のように事例提供者を批判しない構造を持つ設定がいる（PCAGIPやEGのファシリテーター訓練が参考になるだろう）。

文　献

Cooper, M. (2008) Essential Research Findings in Counselling and Psychotherapy: The Facts are Friendly. SAGE Publications.（清水幹夫・末武康弘・田代千夏・村里忠之・高野嘉之・福田玖美訳（2012）エビデンスにもとづくカウンセリング効果の研究―クライアントにとって何が最も役に立つのか．岩崎学術出版社.）

帚木蓬生（2017）ネガティブ・ケイパビリティ―答えの出ない事態に耐える力．朝日新聞出版.

森岡正芳編（2019）オープンダイアローグ―心理職のために．臨床心理学，19(5).

本山智敬（2019）オープンダイアローグとパーソンセンタードアプローチ―両者の比較から見た対話の可能性．人間性心理学研究，37(1); 25-33.

村久保雅孝（2019）医療チームを育てるオープンダイアローグ．臨床心理学，19(5); 561-564.

村山正治（2019）私のパーソンセンタード・アプローチの未来像を求めて．In：飯長喜一郎・園田雅代編：私とパーソンセンタード・アプローチ．新曜社，pp.249-268.

永野浩二（20-19）オープンダイアローグの「対話」を支えるもの―PCAの接点．臨床心理学，19(5); 556-560.

永野浩二・村山尚子・村久保雅孝・村山正治・本山智敬（2017）対話の可能性を私たちはどう感じたか― AD/OD研修会の報告．追手門学院大学 心の相談室紀要，14; 21-40.

小熊英二（2012）社会を変えるには．講談社現代新書．
Rogers, C. R. (1957) The necessary and sufficient conditions of therapeutic personality change. Journal of Consulting Psychology, 21(2); 95-103.（伊藤博訳（2001）セラピーによるパーソナリティ変化の必要にして十分な条件．In：伊藤博・村山正治監訳：ロジャーズ選集（上）．誠信書房，pp.265-285.）
Rogers, C. R. (1961) This is Me. In: Rogers, C. R.: On Becoming a Person. Houghton Mifflin, pp.4-27.（村山正治訳（2001）私を語る．In：伊藤博・村山正治監訳：ロジャーズ選集（上）．誠信書房，pp.7-31.）
Rogers, C. R. (1984) A client-centered / person-centered approach to therapy. In: Kutash, I., & Wolf, A. (Eds.): Psychotherapist's Casebook. Jossey-Bass, pp.197-208.（中田行重訳（2001）クライエント・センタード／パーソンセンタード・アプローチ．In：伊藤博・村山正治監訳：ロジャーズ選集（上）．誠信書房，pp.162-185.）
Rogers, C. R. (1987) Rogers, Kohut, and Erickson; A Personal Perspective on Some Similarities and Differences. In: Zeig, J. K. (Ed.): The Evolution of Psychotherapy. Brunner/Mazel.（村山正治訳（1989）ロジャース，コフート，エリクソン―ロジャースからみた相似点と相違点の考察．In：成瀬悟策監訳：21 世紀の心理療法（1）．誠信書房，pp.303-320.）
斎藤環（2015）オープンダイアローグとは何か．医学書院．
斎藤環（2019）心理職にオープンダイアローグをすすめる．臨床心理学，19(5); 507-511.
Seikkula, J., & Arnkil, T. (2006) Dialogical Meetings in Social Networks. Routledge.（高木俊介・岡田愛訳（2016）オープンダイアローグ．日本評論社．）
Seikkula, J. (2011) Becoming Dialogical: Psychotherapy or a Way of Life?. The Australian and New Zealand Journal of Family Therapy, 32(3); 179-193.
下平美智代（2017）オープンダイアローグの歴史的背景と考え方，そして日本での実践可能性．精神療法，43; 332-338.
白木孝二（2019）オープンダイアローグを心理支援に活かすは．臨床心理学, 19(5); 512-517.
高木俊介（2016）訳者あとがき．In：高木俊介・岡田愛訳：オープンダイアローグ．日本評論社，pp.218-223.
高松里・井内かおる・本山智敬・村久保雅孝・村山正治（2018）オープンダイアローグが拓く風景―2017 年フィンランド・ケロプダス病院研修から学んだこと．九州大学学生相談紀要・報告書，65-81.

第3章

学校におけるPCAグループの実践と展開

I　はじめに

エンカウンターグループ（EG）は國分康孝らの「グループエンカウンター」によって，小・中学校などの教育現場で活用されている。活用のための事典やマニュアル，ビデオが刊行され，学校で教員が比較的手軽に実施できる環境ができていることは，素晴らしいことである。スクールカウンセラーも学校や担任からグループの実施を要請されていて，筆者も相談を受けることが多いこのごろである。

そこで，ここでは，筆者が仲間とともに，この数年，開発してきたEGの進化系である「PCAグループ」の基本的視点，新しいグループ観，具体的プラン，ファシリテーターの留意点，実施した成果，今後の問題など詳しく述べて，EGの教育現場への展開を試みている人に役立てたい。

II　PCAグループの新しいグループ観

ここからPCAグループを実践する際に大切にしている考え方やスタンスを7点挙げていく。ただし，それは一連のグループの中で関連し合って存在している。そのため，同じようなことを述べているように聞こえるが，そのことが重要な点であると理解してほしい。

1．はじめに個人ありき

グループは個人個人が作り出していくものである。人間は一人ひとり違う存在であることの認識から出発する。日本においてグループという言葉で連想されるのは，学校教育における「グループ学習」「班学習」である。それは児童や生徒にとっては「面白くもない課題をグループまたは班で無理矢理やらされる」体験である。それは「集団適応」「集団規律」の学習であり，まずグループが優先される。しかし PCA グループでは，一人ひとりのあり方の尊重が第一に優先され，「グループ嫌い」でもマイペースで参加できる。今の自分のありのままの気持ちでいられ，マイペースが尊重される。

2．所属感の尊重：その人なりの「つながり方」「参加の仕方」を大切にする

ここに集まった人は，みんなグループメンバーである。見捨てられ不安を緩和することを重視し，自分を守るためにグループから出て行ったり，隣室で参加したりすることも認める。また，みんなで外出したときは，おみやげを買ってきたりする。また「天の岩戸方式」と名付けた，病気のため襖を隔てて参加し，隣室で寝ていながらの参加なども認めている。

3．「バラバラで一緒」「一人ひとりで一緒」

このコンセプトは，一人ひとりでありながら，グループとしてつながれる雰囲気を目指している。強力な一体感よりも，連帯感を大切にする。これまでの日本流の一体感，みんな同じという感覚よりも，別々でありながらつながれる感覚を大切にしている。

4．心理的安全感の醸成：一人ひとりの心理的スペースの確保

心理的安全感は，グループプロセス全般にわたって重要である。特に参加メンバーが初期に感じる不安を我々は「初期不安」と命名している。日本のグループでは，この時期の心理的安全感の醸成を大変重要視している。この時期に，自己に脅威を与えるようなエクササイズや評価的な言動はできるだけ避けている。

5．ワークショップ全体の期間と場をコミュニティと認識する

いわゆるセッションだけがメンバーの変化やふれあいの場ではなく，ワークショップの全生活がふれあいの場と考えている。「セッション外セッション」とも呼んできた。セッションだけでなく，例えば「風呂」や「寝泊まりした同じ部屋の仲間」で話したことが，その人の体験として大きな意味を持

つことが参加者から多数報告されている。

6．ありのままでいられる自分の強調

グループ参加の最初のアンケートや面接調査によると,「グループ参加への嫌悪感」は参加初期に表面化する。特に小学校～大学まで学校で実施するグループは「必修授業」のため欠席できず，初期不安も高くなる。これをいかに緩和し，自分の気持ちを変えようとしなくていいこと,「そのままでいられる」「今のままでいられる」「無理しないでそこにいられる」ように配慮することが重要である。

7．メンバー企画セッション（お任せセッション）の組み入れ

これもPCAグループでは，重要なコンセプトである。このセッションの企画のすべてを信頼して，参加者に任せる。参加者の自発性とクラスの凝集性を高める目的で実施する。「メンバーが全員で楽しめる企画をお願いします」とだけ告げる。各グループから1名企画委員を選出し，それに学級委員長を加える。前日に知らせ，実際は3時間くらいの準備期間が与えられる。それは，委員に負担を与えないためである。ファシリテーターは相談には乗るが，直接企画にはタッチしない。クラスの凝集性を高めるのがねらいである。

Ⅲ　EGを学校教育に導入するときの課題

1．自発参加ではなく，必修授業であることを認識

ベーシックエンカウンターのように，参加者を全国から有料で募集するのではなく，学校や講習会で実施するときは，参加者や生徒にとっては，原則的に「強制参加である」ことを認識しておくことである。つまり生徒は「やらされ感」を持つことが前提となる。

2．対人不安，「グループ嫌い」が増加している

統計データはないが，経験的には，対人不安傾向が強い生徒が増えている。授業などで恥をかくことを恐れて発言しない，自己開示に抵抗が強いなどの現象が見られる。安全感の醸成が必要とされるゆえんでもある。

3．「初期不安」の認識とその緩和の重要性

グループの初期に対人不安が最高潮になる。初期段階で「やらされ感」への不満，何が始まるのか不安が強く，時には腹痛，頭痛で休養を求めたりすることが起こる。自発参加の強いグループでも，初期不安は自然なことだが，強制参加の時は，特に高くなる傾向がある。エクササイズの選択の際に，企画者側はこのことをはっきり認識しておくべきである。我々は，現在，「からだの感じに挨拶」と題して，リラクセーションワークを30分実施している。言葉による自己紹介はしない。参加者に不安ながらも耐えていける安全な雰囲気を提供するよう心がける。初期不安の緩和が以後，グループのプロセス展開に，大きく影響する。

4．学級生活とグループ体験の連続性

この問題はEG論では，日常性と非日常性の問題として，以前から論じられてきている。募集により自発的に全国から集まった人でEGコミュニティを形成し，解散後は，学校コミュニティでのEGにおいては，クラス・コミュニティと連続していることを認識してきた。つまり日常性と非日常性が連続しているのである。クラス担任，学級委員，いじめなど，日常のコミュニティの人間関係がもろにもちこまれるのが特徴であることを認識しておくとよい。

5．クラスの凝集性

この方法では，はじめに個人ありきで出発するので，グループの凝集性がすぐに高まることはないが，「お任せセッション」あたりから，俄然，高まりを見せる。PCAグループでは「EGマジック」と呼ぶような興奮した雰囲気は1カ月程度の短期間で薄れるが，「挨拶する」「声を掛ける」「一緒に遊びにいく」などの交流は維持・継続されることが研究結果で示されている。

6．小グループのメンバー

グループの目的によって小グループのメンバー構成が考えられる。我々がグループワークを始めた初期の頃には，小グループ形成は自然に遊びながら２人組，４人組，さらに８人組と形成するのに任せていた。また出席簿順に

分けたりしていた。しかし，結果としては，日頃の仲良しグループが集まることが多くなり，グループ間の力関係にアンバランスが生じる。現在では，「個性のパワーの配分」「男女のバランス」「年齢のバランス」「比較的接触の少ない生徒」を考慮して１グループに集めるのを原則にし，クラス担任にメンバー編成を依頼している。やはり，クラスの生徒に関する情報を豊富に持っているからである。いじめの被害者や摂食障害，過呼吸などさまざまな障害を持つ生徒が参加するようになったので，参加の許可，不許可を含めてクラス担任と協議することにしている。いじめを受けていた生徒に対して，支援していた生徒を同じグループに配置したりすることもある。ここはとても大切な作業である。

Ⅳ　学校現場にPCAグループを展開する実際例（黒瀬まり子）

合宿形式ではなく，学校臨床心理士・SCが中学校で展開したPCAグループのバリエーションを紹介する。本節は，村山正治・黒瀬まり子（2009）の一部を転載したものである。

１．さいころトーク

１年生１学期に実施（１コマ50分のみ。各クラス単位で）。

目的：入学後の仲間作り。さいころの出た目によってテーマを変え，班ごとに発表。

３校の小学校から入学してくる生徒たちがスムーズに交流できるよう，仲間作りのグループをしてもらえないかと教頭より依頼。事前に実際に体験してもらい，できれば担任に実施してほしいとSCが研修を行ったが，担任はグループに慣れていないため任せるのは心配だという教頭の意見を尊重し，SCが実施することになった。SCの存在を１年生に知ってもらう意図もあった。

２．コミュニケーションの授業

２年生１学期に実施（１コマ50分のみ。各クラス単位で）。

目的：コミュニケーションについて学び，友人関係に生かす。

１年生のときより，こころない言動を繰り返す生徒が目立ち，トラブルが度重なっていた。教頭より，そういった生徒たちに何か考えてもらうきっかけになるようなことはできないだろうかと相談があり，前年度末より協議を重ねていた。総合学習の時間を SC による授業にあて，学年の先生方には事前に授業で使うプリントや計画案を配布，説明した上で担任にも入ってもらい，実施した。

3．アサーショントレーニング

2年生2学期に実施（1コマ 50 分のみ。各クラス単位で）。

目的：自分も他者も大切にするためのコミュニケーションを学ぶ。

当時，SC が相談室で出会う生徒のなかには，他者とのコミュニケーションで必要以上にイヤだといえないで悩んでいる子が多く，その都度イヤだといってもいいこと，アサーショントレーニングの考え方を個別に伝えていたが，授業で知識を伝達することで予防的な効果があるのではないかと考えていた。それを学年の先生方に相談したところ，授業時間を確保でき実現。授業内容については事前に学年会で説明。

4．夢をひろげる授業

3年生1学期に実施（1コマ 50 分のみ。各クラス単位で）。

目的：進路決定に先駆け未来の夢をひろげ，自分らしい未来を選ぼう。

進路教育の一環として時間を確保。以前より，学力に合わせて高校を決める生徒（「勉強ができないから○○高校かな」などと話す子）が多いことが気になっていた SC が，進路指導担当教員に提案したもの。先生方に事前に集まってもらい実施内容を確認することが難しかったため，プリントのみ配布。授業には加わってもらった。

5．放課後こころの教室：心理教育および仲間作りの試み

1）“放課後こころの教室”実施までの経緯

自発的に相談室へ来室する生徒の増加に伴い，個別相談と遊び利用の共存が難しくなってきた。そのため,「相談したい」と主張できずに来室した生徒たちの中にも，カウンセラーとの関わりを求めている子も多いのではないかと気がかりであった。校長と話をする機会をいただいたのをきっかけに，放課後の時間帯に定期的にプログラムを企画し，誰でも利用できる時間を確保してみてはどうかと実施の運びとなった。

2）放課後こころの教室の目的

相談のなかでも，ちょっとしたヒントやアイデアを伝えると自分で問題解決できる生徒も多い。そこで，①体験型プログラムでこころにまつわる知識を知り自己理解を深めるとともに，他者との違いに気づき，学年を超えた仲間作りのきっかけを与えること，また，②コミュニケーションや心の整理のためのアイデアなど，自分や他者とのつき合い方についてのヒントを伝え，相談以前の予防・成長促進的な役割を果たすこと，③対象は生徒だけでなく，先生方，保護者にも参加を呼びかけた。これは相互交流のなかから新たな一面を知る機会となることを期待したからである。

3）放課後こころの教室の実際

実施頻度は，個別相談時間は確保すること，部活動や塾などで忙しい生徒でも気軽に参加可能にすることを考え，基本的に月に1度とし，毎回1回完結のプログラムとした。年間予定表を年度初めに配布するとともに，毎月発行しているスクールカウンセラー通信に次回実施予定と参加の呼びかけ，および前回実施分の簡単なまとめを載せPRに努めた。また，学校便りにも参加呼びかけを載せてもらえたので，校内ではしっかりと認知されるようになった。

保護者の参加はなかったが，生徒は毎回4〜9名程度の参加があった。学年や男女ごとに分裂することなく，和気あいあいとした雰囲気でプログラムの話題で盛り上がったり，「ストレスで一杯」と話す参加者のために，他の生徒がストレス解消のための自分なりの工夫を披露してくれたりと，継続参加の生徒を中心に協力的な仲間関係が育ちつつある様子も見られた。先生方の参加はそれほど多くはないが，参加できなくても，内容や様子を尋ねてくださることもあり，それをきっかけに生徒の情報を共有できることも多かった。

6．小　　活

実施後の一番の変化は，これまで相談室に来たことがない生徒が多く来室するようになったことである。「夢をひろげる授業」では，授業に参加された先生方からは，生き生きとした夢のイメージを共有して「思ったよりいろいろと考えているんですね」といった感想が聞かれた。授業で行った充実感尺度の結果を，担任を通して返却したので，気になる生徒について情報共有できるというメリットもあった。ほかにストレスマネジメントの授業（3年生の12月頃）を実施した。

V　グループを導入するときの注意点

1．企画段階での留意点

1）学校側と実施目的を明確化する

学校側はEGを万能視していたり，軽視していたりすることがある。現実が厳しいので何でも役立つことに飛びつく気持ちが強い。グループについての認識，その特徴をよく相互に認識し合うことが大切である。

2）何のためにグループをやるのか，依頼者と十分に意見交換をする

例えば，①新入生の親密感と相互理解の促進，②受験のためにクラスのころ構えを作る，③クラス再編のため，相互信頼の促進，④新しい長期の研修会の初期に実施して初期不安を軽減する，⑤いじめが発見されたので解決のために，など学校や依頼者側はさまざまな目的をもっている。依頼者が明確化されていないところもあるので，話し合おう。

3）会場の下見をすることと準備

教室は，机を移動できて，椅子だけとか，円陣を組めるとか，床に座ることができるかなどを点検しておく。グループでエクササイズをやるには，材料の準備，点検が必要である。依頼者側に伝えて，生徒に伝達してもらったり，購入してもらったりしなければならない。

2．実施プログラムの作成段階

1）エクササイズの選択

企画者としては最も楽しい段階である。國分（1999）の文献をはじめさまざまなリソースブックから目的にふさわしいエクササイズを見つけたりする。また，自分でエクササイズを創造したり，既成のものを改変したりすることも楽しい作業である。

2）ファシリテーター自身が体験してみる

エクササイズは，スタッフは必ず事前に体験してみること。メンバーを不

安にする要因はないか，どんな点が難しいか，どんなことに役立つか，時間はどれくらい必要かなどがわかる。教育現場で，授業時間を使ってやるときは，特にエクササイズの所要時間が大切である。

3）実施目的にしたがって，プログラムの順序を決める

PCA グループの現在の基本線は，初期不安の軽減－比較的安全なレベルの自己開示－グループの凝集性の促進－自発性の発揮とクラスの凝集性の促進，に沿った順序で展開できるよう準備をする。ここは企画の中心であり，企画責任者が中心で決めていく必要がある。企画者のグループ哲学の特徴が出るところである。筆者らの場合は，はじめに個人ありきなど先述したグループ観に立脚した選択をする。

3．ファシリテーターのセッション中の留意点

1）自由度を高くして実施する

グループに分けて体験させることにこだわらない。教室で実施していても，立ち歩く生徒は少なからずおり，プリントを用意していてもなかなか記入できない生徒もいる。きちんとやれない生徒がいるという前提で，全体をながめ，必要に応じてそれぞれの生徒に声かけをしながら進める。

2）担任や学年の先生にはできる限り参加してもらう

特に，担任が生徒と一緒にワークやエクササイズに参加していると，生徒のモチベーションが高くなる。また，担任も生徒の意外な一面にふれたり，時には SC と生徒とのやり取りを見て，普段の自分の関わりを振り返る機会となる。同じ授業を受け，共通の知識を得ていると，その後の学校生活の中で（例えばトラブルが生じたときなどに）同じ言葉でふりかえることも可能になる。グループ体験（心理教育）を日常の教育活動に結びつけ生かしていく要として，担任が機能していく可能性を広げることができる。

3）ファシリテーターの感触を大切にする

どんなことが起こっているのか，全体を見渡し，自分はこの中でどんな感じがしているのかを感じ取るように心がける。この時にファシリテーターの感触が役に立つ。

4）プロセスの展開に応じた柔軟な姿勢

最初のプログラムがメンバーにフィットしていないことも起こってくる。最初に組んだ順序も適切でないと感じてくることもありえる。そのような時には，エクササイズを状況に応じて変えていく必要がある。そのためには，最初にエクササイズの持ち駒を多めに用意しておくとよい。雨天になると屋外で予定していたエクササイズは不可能になるので代替案を用意する必要が生じることもある。

5）参加しながらの促進

介入は，できるだけグループに参加して行う。これができるときがもっとも円滑な促進ができる。センスの良いファシリテーターはどんどんグループに入って，状況に応じた指示を出してグループを促進させる。

6）ファシリテーターがまず実例をやってみせる

エクササイズをやるときには，必ずファシリテーターが実際に実演してみせるようにしている。それによって，ファシリテーターもメンバーのように一人の人間としてそこにいることを，知ってもらうことに意味がある。

VI　まとめと課題

グループを行えば，クラスのメンバー間に心のネットワークが形成され，相互の親密感が深まる傾向がみられる。以下の７点に集約できるだろう。①生徒相互の親密感が高くなる，②素直な感情表現が多くなる，③互いに心を開くようになる，④ありのままの自分を表現できる方向に進み，それが他のメンバーの共感を呼んでクラスの凝集性が高まっていく，⑤現実のクラスに戻っても，この相互作用は維持される，⑥個人間のネットワークができる，⑦クラス全体のネットワークができる，などのプロセスが展開される。

これまで公教育における「グループ」といえば，「集団規範・規律」のための訓練である。PCA グループのグループ観に基づく学校現場における実践例は，黒瀬によって展開され実績をあげている。平成 20（2008）年度文部科学省調査にみる不登校の増加，特に新中学１年生の不登校の増加など，また，対人関係を持ちにくい新入生に対する新入生教育の必要性が叫ばれてきている。初期不安を緩和する新しい考え方が導入されるのは，時間の問題であろう。

注）本章は，黒瀬まり子（こころの相談室かもみーる・福岡県公立中学校 SC）との共著である。

文　献

足立禮子（1992）いじめを解決した3時間のエンカウンターグループ．In：村山正治編：カウンセリングと教育．ナカニシヤ出版, pp.170-175.

本多利子（1999）小学校での事例―「先生！ みんな，ちりめんじゃこの目や」．In：小川捷之・村山正治編：学校の心理臨床．金子書房, pp.76-85.

鎌田道彦・本山智彦・村山正治（2004）学校現場における PCA グループの基本的視点の提案．心理臨床学研究, 22(4); 429-440.

國分康孝監修（1999）エンカウンターで学級が変わる―ショートエクササイズ集．図書文化社.

村山正治（2006）ロジャースをめぐって―臨床を生きる発想と方法．金剛出版.

村山正治（2006）「エンカウンターグループにおける非構成・構成」の統合した PCA グループの展開．人間性心理学研究, 24(1); 1-9.

村山正治(2007)いじめ問題とスクールカウンセラー．臨床心理士報, 18(1); 13-15.

村山正治（2007）いじめ予防：エンカウンターグループによる学級つくり．臨床心理学, 7(4); 493-498.

村山正治編（2014）PCA グループ入門．創元社.

村山正治・黒瀬まり子（2009）学校における PCA グループの実践と展開．子どもの心と学校臨床, 1; 4-14.

Murayama, S., Hirai, T. (2009) Development of PCA groups in the field of school education in Japan. 九州産業大臨床心理学論集, 4; 115-118.

NHK 総合（2007 年 5 月 10 日放映）NHK プロフェッショナル―仕事の流儀：鹿嶋真弓―学級つくりのプロ.

岡本淳子（2001）いじめの問題の解決に向けて―中学生に対するグループアプローチ．In：中村伸一・生島浩編：暴力と思春期．岩崎学術出版社, pp.131-157.

Rogers, C.R. (1980) A Way of Being. Boston; Houghton Mifflin.（畠瀬直子訳（2007）人間尊重の心理学―わが人生と思想を語る．創元社.）

白井祐浩・村山正治（2005）PCA グループにおけるクラス所属感の形成とその影響について．九州産業大学大学院心理臨床センター紀要, 1; 17-22.

白井祐浩・木村太一・村山正治（2006）PCA グループにおける「メンバーズ・セッション」の意味．九州産業大臨床心理学論集.

第4章

グループワークとしての新しい事例検討：PCAGIP（ピカジップ）法入門

I　はじめに

ここ数年，筆者は教育現場における教師の生徒指導，病院の管理職による部下指導，官庁の管理職のためのメンタルヘルスにおける部下指導などに「PCAGIP 法」を導入してみて，その有効性を実践的に確認してきている。PCAGIP 法の詳細は後述するとして，簡単に言えば，PCAGIP 法とは，グループワークとして事例検討を行うことである。

心理臨床の専門家であれば，カンファレンスや事例検討会などの様子はわかっているだろうし，日本心理臨床学会などでおこなっているような手間隙かけた，緻密な事例研究も知っているだろう。しかし，これらをモデルとして，スクールカウンセラーが学校現場でおこなう研修としての事例検討を，多忙な学校現場で実施することは不可能に近い。しかし，事例研究や事例検討がクライエントやその周辺のカウンセラーなどの支援者を支える力になることを知っているだけに，学校現場でできる事例検討のやり方を工夫する必要に迫られていた。

鵜養美昭らの試み（鵜養 , 2000）に刺激され，私もエンカンターグループとインシデントプロセスからヒントを得て，新しい事例検討の方法を工夫してきている。本章では，PCAGIP 法（Person Centered Approach Group & Incident Process）と名づけた方法を詳述し，集中講義中に臨床心理学専攻の大学院生に実施した実際例を提示して，そのプロセス，参加者のコメントと意義，有効性を検討することを目的とする。PCAGIP は「ピカジップ」と呼ぶ。

II PCAGIP 法の基本的考え

PCAGIP 法とは，簡単な提出資料から参加スタッフの力を最大限に引き出し，知恵と経験から，取り組む方向を見出していくプロセスを学んでみることである。SC は，グループの司会進行役であるファシリテーターとなるが，結論を出すのが目的ではない。基本となる考えを以下に挙げる。

- 参加者が中心で創っていくこと。
- 参加者から出される多様な視点を学べること。
- 参加者の相互啓発プロセスであること。これはエンカウンターグループからのヒントとして得られた。
- 参加者とファシリテーターは「共創」（吉川，2008）であり，参加者は「リサーチパートナー」（村山，1986；吉川，2008）である。
- 確定した結論が出なくても良い。事例提供者にヒントが生まれてくることが大切である。
- 事例提供者の決定は実施直前でもよい。
- 情報は少なくてもよいことがいわゆる従来の事例研究と基本的な違いである。

III 具体的なやり方

具体的な流れは以下の通りであるが，いろいろな観点が出ることが第一であるので，絶対にこの流れの通りに進める必要があるわけではない。

1．前準備

1）ファシリテーターを決める。学校現場の場合は，通常は SC が担うことになるだろう。
2）参加メンバーを８人程度のグループにする。記録者を２名決める。参加者から事例提供者を１名選ぶ。
3）事例提供者には，事例検討の前までに，B5 の紙に１枚 200 字程度，事例についてまとめてもらう。

4）黒板やホワイトボードを２枚用意し，メンバー分の資料を用意する。メンバーはホワイトボードを中心にして円座をつくる。

2．実施――３段階のステップ

事例提供者の資料を多様な視点から理解し，参加者が共有することにより，事例の理解を広げる。事例の理解を深めるため，提供された資料に参加者は自由に質問し，その事例や事例提供者のおかれた状況，環境，イメージを共有する。

そのためには，まず，事例提供者のやり方への批判を絶対しないことがポイントである。ここをきっちり守ることがファシリテーターの役割である。

実施に当たっては，「理解」「見立てと見通し」「実際のかかわりをイメージ」という３段階ステップで構成しているが，実際にやってみると，第１ステップが最も大切である。

第１ステップ：事例とその置かれている状況の理解に徹する

1）事例提供者は，資料を見ながら説明資料提出の目的（何を得たいのか？自分は何を求めるのか？）を述べる。

2）参加者はその話を聞いて，その事例を理解していくために，わからないこと，確かめたいこと，気になることを質問する。このとき，１巡目は順番に，質問者が状況理解のため１問だけたずねるようにするとよい（４球方式と呼んでいる）。１問ずつが原則で，最大で１人２問までにしておくとよい。

3）事例提供者はその質問に答える。

4）記録者が質問と応答を黒板に書く。参加者で共有するためである。

5）参加者はメモをとらない。理由は，参加者はグループプロセスに主体的に参加することが大切（参加者として発言することが大切）だからである。

6）１時間ほど経過して，質問と回答が出揃ったところで，事例の状況を整理する。これはファシリテーターの仕事である。

今までの経験から言えば，通常は，ここまででメンバーにとっては充実した体験となることが多い。

第2ステップ：見立てと見通し

事例提供者のニーズにもよるが，ここからは軽く流す程度でよい。

1）見立てを行う。第1ステップで共有できた事例のイメージや抱えている問題，状況について，参加者各自が必要な援助，指導などについて意見を述べる。
2）見立てに基づき，援助，指導の見通しを立ててみる。
3）事例提供者は，メンバーの提案に感想をその都度述べる。

第3ステップ：実際のかかわりをイメージする

1）具体的な方法を実行するときの方法を考える。
2）実行するとき，どんな立場でどう関わればよいか，別の人がよい場合には誰がよいかなど検討する。援助，指導のために利用可能な資源を見つけてみたり，資源活用のための連携体制，職員間の役割や分担を検討してみたりすればいいだろう。

内容にもよるが，1つの事例資料に90分程度必要である。

Ⅳ　PCAGIP 法の実際のプロセス

実際に数多く行ってきた学校現場での事例を提示したいところだが，倫理面から提示できる事例がないのが現状である。学校現場だけでなくいろいろな場所で行ってきたが，メンバーの相互理解を促進するという目的からは行う場所による差はあまり感じていない。もちろん，職場のヒエラルキーなどの力が影響することもあるが，自由に発言できるように力づけるのがファシリテーターの仕事である。

ここでは，PCAGIP 法の雰囲気をつかんでもらいたいので，大学院で行った PCAGIP 法の事例を挙げてみる。（参加者：13名（於，某大学講義室），ファシリテーター＝村山正治，事例提供者（Aさん），記録者，メンバー＝大学院生10名。）

1．提供された事例

事例：事例提供者でもあるＡさんは医療専門職で大学院生でもある。新任の上司Ｂさん（50 代女性。職場では主任）とのことで悩んでいる。

Ａさんの困っている点：話をするが，受け入れてもらえないことが気になる。しかし，Ｂさんからは，Ａさんの方が「最後まで話を聞かない」といった言葉や，話をすると「私もそれはわかる」といったように話の途中で切られることが語られた。

他にも，Ｂさんはみんなでやる業務をやってくれない。一緒に仕事をすると，とても仕事がやりにくい。以前と同じ感覚で仕事ができない。Ｂさんが部下に注意をするときに，まったく状況を聞かずに「こうしてください」といったように一方的な感じを受ける。職場に行くのに，Ｂさんがいると，仕事以外で不快な感情になってしまう。

事例提供者として望むもの：どのように，Ｂさんと関係をつくっていくのがいいのか？

2．みんなの意見

第１ラウンド

①職場はどのようなところか？（応答：→ 10 名ほどのスタッフがいる。組織上，Ｂさんがチームのトップで，次は年齢的にＡさん）
②二人ともギクシャクしている感じ。Ｂさんも主任になることで，気負いするところがあったのでは？　Ｂさんの気持ちを理解する人はスタッフにいないのか？
③大きな責任を伴い，個性豊かなスタッフがいる状況の中で働いているＢさんもストレスがたまっているのではないか。
④Ｂさんにとって，20 年のベテランであるＡさんは脅威なのでは。
⑤ＡさんもＢさんに気を遣っているのだろう。
⑥Ｂさんの家族関係は？（→家族関係はよくわからない）
⑦ 20 年の経験をもつＡさんをＢさんはどう使っているのか。
⑧仕事があまりクリアにいっていないのではないか。職場全体を見渡すとどうなのか？（→（Ａさんは）自分のことで精一杯）
⑨Ｂさんに対して求めすぎなのではないか。

⑩Ｂさんは上司として上手くキャリアのあるＡさんを使えていない。
⑪Ｂさんに対してＡさんが役に立ちたいと伝えたことは？（→ない。今はＢさんに認められることを優先している）
⑫ＢさんにはＡさんのような存在が今までいなかった。つなぎ役，パイプ役の欠如がＢさんの孤立の側面を作った。

第２ラウンド

①Ａさんはパイプ役を望んでいるがＢさんはのってこない。それに対して歯痒さ，寂しさも。価値観の違いがある。
②専門的知識が合う人とはとてもやりやすい。逆だと……。
③目的は同じだが，目標が違う集団。
④仕事はチームワーク。Ａさんをチームカラーにしたら仕事は上手にいくが，それには時間が必要。
⑤しかし，Ａさんも家族（子どもが３人）いる状況で，責任のあるポジションを担うのは厳しい。
⑥頑張り，強がってきた中で，能力が低いと言われるのは脅威だろう。Ａさんのつらさもわかる。
⑦ＢさんのＡさんに対する評価は，尊敬と脅威が表裏一体となったものだろう。能力が低いといわれたわけではない。
⑧出世したことにＢさんはこころの整理がついていないのかもしれない。
⑨Ａさんと気持ちを共有できる人は？（→Ａさん曰く，初めてＢさんの上司に悶々としたものを伝えた時は，その上司も同じように言ってくれ，「私だけじゃない」とホッとした）
⑩Ｂさんのキャリアと，Ｂさん自身が仕事でクライエントとどう関わっているのか聞きたい。（→Ｂさんのキャリアは30年近いが，この職場で３年目。他の主任に比べてＢさんはクライエントと関わる時間は少ないと思う）
⑪Ｂさんはどういう人で，仕事ぶりはどうなのか？（→性格としては“やらねばならない”が強い人かも。スタッフ間でも仕事の質に対する考え方が違うので比較しにくい。もしかしたら，仕事以外だったら付き合えるかも）
⑫職場での仕事はどういう感じ？（→いわゆる「難病患者」のケアが中心の病棟。多職種が出入りしている）
⑬職場が大変な状況なのでは？（→柔らかさは感じない。最近職場が忙しい。大変）

事例提供者自身のなかに気づきがたくさん生まれてくると，表情や姿勢なども変わってくる。

3．参加者の感想・コメント

1）事例提供者のコメント

事例を出したときは，まるで悪口を書いているようで，とても嫌な気持ちがしました。まるっきり主観的な意見だと感じていたからです。しかし始まると，批判がないという安心感と安全感，また，ファシリテーターへの信頼感と，メンバーが大学院の臨床心理の学生さんということもあるのか，受け止めてくれる穏やかな雰囲気があり，話題を提供できました。こちらで書いた資料は断片的なものだったのですが，質問をやりとりするなかで，グループのみなさんに私のなかのＢさんのイメージを伝えたいと思いながら話をしました。

そして，話しながら，Ｂさんとかかわりを持って 12 カ月が経ち，ここまで自分がどうしてこんな気持ちになったのか振り返りができました。また，自分なりに頑張ってきた自分を誉めてあげられる気持ちにもなれました。まだＢさんとの関係は続いており，いまだ途中経過なわけですが，自分の思いがしっかりとＢさんに伝わっていないことがわかりました。今回でた意見を参考に，自分を見つめなおし，Ｂさんへの働きかけもいろいろと考え直してみようと思います。

事例検討会では，ファシリテーターが，私の発言に，「もう少し詳しく」とか，他の方の質問に「提供者が説明しやすいように聞いてみて」と，うまく舵取りをしていただきました。参加者が情報を理解しやすくするような質問をしてくれたこと，私の気持ちを理解しているという言葉を合間に入れてくれたことで，とても話しやすく，安心できました。そして，このことが，自分を振り返る客観性を持たせてくれたように感じています。グループの方たちの理解しようと聞いてくれる姿勢が，とても気持ちが良かったです。

2）参加メンバーのコメント

Ａ：セッションを行ってみて，予想以上に盛り上がったように感じた。セッションを通して，一人ひとりの質問から，さまざまなことが連想されることが増えた。このさまざまな連想は，自分自身の視野を広げたように感じた。

セッション中の雰囲気は，発言しやすい雰囲気であったように感じた。この雰囲気の良さは，セッションのルールとして“決して非難しない”ということの影響が大きいように感じられた。この非難されないという安心感が，セッションの盛り上がりを促進したように感じられた。

また，セッション中に出た意見を黒板に記録したことは，頭の中だけでの整理だけでなく，視覚的にも整理できたのではないだろうか。そして黒板への記録は，メンバーみんなが同じ情報を共有できるという面でも効果的であったと考えられた。

同じ情報を共有することや，決して自分が非難されないという安心感は，グループの活動を活発にさせる効果があるように思われる。

B：このカンファレンスはいつも行っているものと雰囲気が違った。机がないこと，少人数であったこと，メモを取らないことがメンバー間の距離を縮め，雰囲気が変わっていったように思う。特にメモを取らないことで，相手の話に集中し話を情報として捉えるだけでなく，流れとして捉えることに役立ち，Bさんと事例提供者のやりとりをイメージしやすかったように思う。また，専門用語が出てこなかったことも，イメージをよりつかみやすいものにしていたと思う。このイメージをメンバーが共有することで，頭の中に新しい考え方やアイデアが浮かび，発言を活発にしたのだと思った。

C：今回初めて体験した。普段行うディスカッションとは違い，苦ではなかった。自分の意見も発言し，他の人の意見も聞いていくということで，視野が広がり，いろんな方向から考えることができた。注意点としては，メモはしない，批判することは言ってはいけないということであった。実際に行っていて感じたことは，事例提供者の考えが時間の経過とともに変わっていくということを感じた。はじめは，否定的な感情が多かったように感じたが，いろんな意見を聞いていく中で，事例提供者自身の考え方も変化していき，問題とどのように向き合っていけばよいか少し見えてきていたように思う。本当にこれで，何か変わるのかと考えていたが，実際に参加してそのような変化を感じ取ることができたように思う。参加することはとても良い機会であった。

D：初めての経験で，始めるまではどのような展開になるのか，自分が何を言えるのか，など戸惑いも感じていました。雰囲気としては，事例検討などの堅い感じでなく，ある種の世間話，井戸端会議のような気持ちで発言できました。

また他の人の意見や提供者の発言を聞くことで，自分の思っていたことに対して，「ハッ！」とさせられることも多くあり，大変有意義な体験をさせてもらいました。

自分の発言を考えると，「資本主義」的だなぁ～とも思いました。

このような話し合いをする場合，私自身「結果はこう決まりました」となる話し合いが多く，私自身も結果を求めてしまうのですが，今回結果というものが出なくても，良い気分で終わることができました。これは，話し合いの結果が出なくても，自分自身の中で「こうじゃないのかな？」という仮の結果が導き出せたことが大きかったのではないかと思います。

また批判的な発言をしないという点が重要であったと思いました。意見の言い合いではなく，意見交換・共通理解を最優先している印象を受けました。

E：特に興味深かったのは“人の意見に対して批判を行わない”ということであった。そのため，場に自由な雰囲気ができ，活き活きとした相互の意見の交流が行えていたと感じた。特に自由な雰囲気ができていたことにより，質問を行う際も，事例を考える際も緊張という余計な負荷が少なく，物事を大きく捉えられることができていたと思った。私はこの体験が今後，さまざまな場面でいきてくると感じた。

F：今回は終始おだやかな雰囲気で，全くと言っていいほど口論や諍いが起きる気配がなく非常に穏やかなまま話し合いの場が進んでいたように見えた。その場に書記として参加した中で重要と感じたことはグループを開始する前段階のルールの確認だった。特に「参加者の意見や事例提供者のやり方を絶対に批判しないというルール」は参加者の発言を促していたように感じた。

また書記として参加のほとんどは記録に時間を費やすこととなり，議題の中に発言者として参加していなかったために場を通しての「感覚」的なものを共有できていない感じがあり，こちらから質問をする必要があったことに驚いた。

G：聞いているだけでけっこう疲れたが，面白かった。他の人の発言があるたびにイメージが膨らんで，あまり専門的知識を必要としないことがわかりやすくて良い。批判なしの井戸端会議みたいな雰囲気で，あまり人数が多すぎないところも，いやすかった。机がないとプレッシャーが少なく感じた。人前で話すのがあまり好きではないので，やはり発言の順番が回ってくると緊張する。発言はあまりしなかったが，イスのみで円になっているだけで参加感があった。

H：「事例提供者に対して批判をしない」「記録者以外はメモを取らない」というこの２つのポイントが，事例提供者はもちろん参加者に対しても安心感を与え，グループに対しては１つのことについてお互いの発言を聞きながら，さまざまな考えを一人ひとりが持つという大きなまとまりを与えたように思う。また，予定では参加者と事例提供者の質問とその回答を整理するところまでであったのが，参加者と事例提供者とのやりとりが自然と次のステップである援助や指導の見立てへと移っていたことから，それがグループ全員が場を共有し各自がしっかりと考え，意見を持っていた証拠だったのではと感じ，非常に有意義な場に参加できたと感じている。

I：この体験は困りごとにどのように対応するかというテーマのもと，グループでさまざまな意見を交換するというものであった。事例提供者の話に基づき，その上司との関係や人間像についてイメージをふくらませ，そのイメージをメンバーで共有した。グループでその場を共有する上で大切であったのは事例提供者の批判をしないというルールであった。その安全感は提供者のみならず，メンバーの安心感ともつながると感じた。この体験は比較的エネルギーを必要とするものであったが，それによってメンバー分の意見や視点を知ることができ，内容は異なっても，最終的には自分自身の幅を広げることにつながってくるものだと感じた。

J：この方法は普段行われているカンファレンスとは違い，事例提供者となる方のやり方や，発言をする際に批判的な意見を絶対に言わないことをポイントとしているために，出てくる質問が思いつきや素朴な内容であるので，事例提供者の考え方や思い，また問題となっているポイントについて細かく具体的に聞くことができてより理解しやすく感じました。

質問についても簡単なものから始まり，徐々に内容を深めていけ，議論に参加することができているなあといった感覚を味わえたように思います。

また，一つひとつ問題が整理されながら進んでいくため，事例提供者や問題となっている相手のイメージを膨らませやすくて，自分なりにいろいろと考えを浮かべながらしっかりとしたイメージ像を作り上げることのトレーニングになっていると感じました。

K：ファシリテーターの配慮により，今回は情報をまず，皆が共有し，イメージがわくようにできていたと思う。共有できやすい質問内容というのもあると感じた。ランダムな質問のように一見感じ，流れていたが，そこには，全体を見渡している，ファシリテーターの視点があったように感じる。また，事例提供者への配慮をとても感じることができた。A さんの態度や，言葉に対して，共感的であり，受容的な対応により，A さんは，自分の問題を客観的にみることができたり，グループの人の意見を取りいれることができたと感じた。グループの一員として，より内容とか，その場を共有できたのは，記録者を別にとり，全体としての流れが見えることも大きかったように思う。ファシリテーターの役割が，非常に大きいと感じた。

V　考　　察

1．共創としての意味

今回提示した事例は，筆者が大学院集中講義の時間に設定して行ったものである。参加者は全員修士課程 1 年生であった。終了後，大変満足感が高かったので，村山の思いつきで，（論文の）「共創」を提案したところ，全員が快く賛成してくれたのである。

論文化にあたっては，院生の協力で初めて「プロセスの逐語記録」をとることができ，また参加者全員の感想文も，事例提供者らの詳細な感想も集めることができ，黒板の板書も，写真を撮り，整理記録を作成した。これらは当然，参加者である院生の協力なしではできないことであった。感謝したい。

論文化という作業そのものが共創である。が，論文にするだけが共創ではない。PCAGIP 法が作り出す「場」こそが共創である。今回の事例では，A さんの当事者的な問題が中心であるが，たとえ，個人面接で行っている不登校児の事例をこの場で取り上げたとしても，事例提供者はやはり当事者である。知性化して客観的に見ているとしても，臨床場面においては当事者としての問題なのである。自分の問題として，対応しているケースの不登校の問題があることに気づかされるはずだ。それだけでも，ずいぶんと対応は変わってくる。それこそが共創の場として PCAGIP 法の妙意である，と考えている。

2．ファシリテーターの役割

ファシリテーターはグループに安心感を醸成することが大切であることがあらためて事例で確認された。

「結論を出す必要がない」ということが，ファシリテーションを楽にしている面もある。いろんな意見が出るように促すことが第一である。ファシリテーターとしても，気づかされることは多い。

3．「批判しない」ルールの有効性

ほとんどの参加者のコメントはこのルールの重要性にふれているし，発言が自由になったことにふれている。これは本来，事例提供者の安全感を守る意味を込めたものである。カンファレンスにおいても，エンカウンターグループのように，全体の参加者に心理的安全感が必要なことがうかがえる。

4．記録者の役割

まずは，先の事例における記録者が書いてくれたコメントを抜粋したい。

> 書記として板書を担当したなかで重要だと感じたことは，書記を担当するものはファシリテーター経験のあるものか，もしくは事前に訓練を受けたものが担当する方が好ましく，可能なら複数名いた方がよいと感じたことだ。

その理由として，まず基本的に発言の後追いをしながら板書（記録）をつけることになるが，こちらが参加者の発言から意味を汲み取り，発言の意図が明確に伝わるよう内容を要約する必要に迫られたことが挙げられる。

また，記録という性質上しかたのないことなのかもしれないが，発言者の意図を汲み取れないことが複数回あり，発言を中断してこちらから質問をはさむことがあった。これは私の力不足が要因としてあるが，板書中は常に発言者や受取手の表情や聞き手の反応などをみることができず，音声以外の情報を入手しがたいという側面もあると感じられた。

それを痛感したこととして，発言者がニュアンス的な発言をした際などにこちらが意味を推察している間に，聞き手の方では質問や疑問をはさむことなく問題なく場の中で情報が共有されていたように感じたことだ。

これらのことから記録をとりながら，発言の流れを読み，それを正確に要約する能力が書記には必要だと感じた。このような作業は一朝一夕でできるものではないと感じたので，可能ならファシリテーターのような立場のものが半分は発言に参加しながら，もう半分で記録を作成することで，より完成度の高い記録が取れると感じた。そうすることで最終段階における見直しや振り返りの際に記録がより良い道具となり，最初に提供された資料とは別の形で個人を知る資料となり，より深い考察を可能とする助けとなるように感じた。

以上である。

詳細に検討していただいたので，これ以上付け加えることもないが，蛇足ながら付け加えさせていただく。

黒板へ発言を記録する意味は，情報の共有という意味では，大変役に立っていることがわかる。しかも，ルールとして参加者に記録をとることを禁じているので，情報の共有化はきわめて重要である。したがって，これまで記録者については情報の共有化に重要な役割を占めていることはわかっていた。しかしこのコメントで，新しくその重要性が明確になった。ファシリテーター経験者が適任という提案は，確かにその通りであろう。実際場面では，困っている記録者に，ファシリテーターや他の参加者が助けにはいることもしばしば起こっているので，この提案も納得できるものである。

ただ，実際場面では，ファシリテーター経験者を得ることは難しいので，記録の役割をより明確にし，体験しながら学習してもらうことが現実的な解決策であろう。また，板書をする記録者とファシリテーターとのやりとり，あるいは場のやりとり，というのものが,「他人へ伝わるように話す」ということを，メンバーに伝えることにもなるかと思われる。

5．参加体験にとっての意味

参加者のコメントから，以下の6点を指摘できる。①人間理解の視野の広がりを体験すること，②連想の自由さ，③多様な見方や視点を共有できるととても充実した体験であること，④一般のカンファレンスと異なり，専門用語を使わないことでのびのび参加できること，⑤事例提供者が変化するのを体験できること，⑥情報としてでなく，理解のプロセスとして把握できること。

Ⅵ　まとめ

これまで，PCAGIP 法を看護，学校教育，管理監督などの領域における研修に導入する経験を積み重ねてきた。

学校臨床におけるケースを提示できないのは残念だが，事例提供者や参加したメンバーにとって，さまざまな示唆が得られる貴重な体験になるのは事実である。そして，臨床に取り組む勇気を与える点も重要である。ぜひ，行ってみていただきたい。

注1）本章は，村山（2008a）をもとに大幅に加筆・修正したものである。

注2）「PCAGIP 法」と「PCA グループ」に関する連絡先

〒751-8503 山口県下関市一の宮学園町 2-1
東亜大学大学院総合学術研究科臨床心理学専攻　村山正治
E-mail: nakayama@toua-u.ac.jp（中山幸輝）

文　献

鎌田道彦・本山智敬・村山正治（2004）学校現場における PCA グループの基本的視点の提案―非構成・構成法にとらわれないアプローチ．心理臨床学研究 , 22(4); 429-440.

村山正治（1986）Humanistic Psychology の動向．九州大学教育学部紀要（教育心理学部門）, 31(2); 121-127.
村山正治（2006）エンカウンターグループにおける「非構成・構成」を統合した「PCA グループ」の展開．人間性心理学研究 , 24; 1-10.
村山正治ほか（2008a）エンカウンターグループとインシデントプロセスを組み合わせた新しい事例検討法（PCAGIP 法）の実際（Ⅰ）—PCAGIP 法の実際例の報告．東亜大学大学院総合学術研究科臨床心理相談研究センター紀要 , 8; 3-10.
村山正治ほか（2008b）エンカウンターグループとインシデントプロセスを組み合わせた新しい事例検討法（PCAGIP 法）の実際（Ⅱ）— 1 事例の逐語記録．東亜大学大学院総合学術研究科臨床心理相談研究センター紀要 , 8; 11-23.
村山正治（2008c）エンカウンターグループによってクラス内に信頼のネットワークができる試み—PCA グループの視点から．In：村山正治編：現代のエスプリ別冊—臨床心理士によるスクールカウンセリングの実際．至文堂 , pp.99-110.
野中真紀子・田中親義（1998）事例研究会の意義と進め方．In：國分康孝編：問題行動と育てるカウンセリング．図書文化 ,
太田列子・上薗俊和・三好謙一・小笠原洋・田中朋子・小林純子・白井祐浩・藤島敬久・伊藤ゆう・兵頭憲二（2008）臨床心理学を専攻する大学院生への PCA グループによるグループ体験の試み—体験を経験に蓄積していくプロセス．東亜大学大学院総合学術研究科臨床心理相談研究センター紀要 , 8; 25-38.
埼玉県南教育センター（1992）みなみ教育センター方式を取りいれた事例研修会の工夫・改善に関する調査研究．
白井祐浩・村山正治（2005）PCA グループによるクラス所属感の形成とその影響について．九州産業大学大学院心理臨床学論集 , 17-26.
杉浦崇仁・村上恵子・吉田由美・吉野薫・北田朋子・中山幸輝・吉持慕香・村山正治（2020）「PCA グループ」及び「PCAGIP 法」に関する文献リスト（2019）．東亜臨床心理学研究 , 19, 123-132.
鵜養美昭（2000）事例研究法の実際—生徒理解に基づく見立てと見通し．配布資料（未公刊）．
吉川麻衣子（2008）沖縄県における「戦争体験者中心の語り合いの場」の共創に関する研究．九州産業大学大学院国際文化研究科博士学位論文（未公刊）．

PCAGIP の概要と近況：
村山正治・中田行重編（2012）新しい事例検討法 PCAGIP 入門—パーソンセンタード・アプローチの視点から．創元社．
PCAGIP ネットワーク：東亜大学大学院臨床心理学専攻 村山研究室（shmuray@hiz.bbiq.jp）

第5章

心理臨床家養成における実践家－科学者モデルはうまく機能しているか

指定大学院臨床心理学専攻の大学院では学生，特に修士１年生を相手に，グループアプローチ特論やパーソンセンタード・アプローチ（PCA）特論などの集中講義を実施する機会をたくさん提供していただいているが，その体験から私は大きな刺激を与えられているので，大変感謝している。この体験から私は，現在の臨床心理士養成カリキュラムについていろいろな課題を感じ始めている。

そもそも，臨床心理士養成の指定大学院を創設した目的は，米国流の「科学者－実践家モデル」ではなく，「実践家－科学者モデル」に変革して，実践のできる心理臨床家を養成することであったと私は理解している。その具体化のひとつが事例研究の重視であった。さらに現在は，専門職大学院まで発展し，修士論文作成の必要がなく，実践，実習を重視した教育がなされていることは実践家－科学者モデルの大きな発展であると私は考えている。

官庁や地方自治体からは，臨床心理士は国際的にみて最低水準である修士養成課程の充実，資格試験の厳密さは高く評価され，文部科学省スクールカウンセラー事業とともに社会的に認知が高まっている。また，緊急支援などで大きな実績を残してきている。今回の東日本大震災支援にも大活躍している現状は，周知のとおりである。

ここまでは，順調に進んできている。さらに発展するには，どのようなことが必要だろうか。

私が自分の大学を含めて集中講義の体験から，いくつか課題が浮かんできている。それは，院生たちが何かに縛られていて――それは資格試験準備のこともあり，理論的知識取得のこともある――追われている姿である。「忙しい」「自分の時間がない」などの声をよく聞く。適切な言葉がないが，何かに縛られている感じがしている。縛りをいくつかあげてみよう。「マニュアル縛り」「問題解決縛り」「他人の評価を気にしすぎる縛り」「臨床心理士プライド縛り」「丸呑み縛り」などなどである。

何のための臨床心理士，またはスクールカウンセラーなのか。この問題意識も希薄な気がする。また院生相互のコミュニケーションが十分でなく，お互いが心を開いて学びあう機会が乏しい傾向がみられることである。だから，PCA グループの実践がたいへん役立つことがある。

つまり，今のカリキュラムが，今の学生にぴったりしていないのではないか。その運用にあたっては，我々教師側にいろいろ工夫が必要になってきているのではないか。学生にたくさんの「外部基準」を丸呑みさせ，背負い込ませているのではないか。今や，臨床心理士の養成は，実践家－科学者モデルでもない，科学者－実践家モデルでもない，中途半端なモデルに変質してきていないか。この問題は，たいへん大きな課題なので，日本臨床心理士養成大学院協議会などにカリキュラム検討委員会などを設置して早急に検討すべきであることを提案しておきたい。ここでは詳細に論ずるスペースもないが，とりあえず，私がやっている対応策である。

対応策①　外部実習の充実

学校臨床心理士に関して言えば，彼らの学習能力を信頼して，外部実習などの制度をもっと充実して，学校現場の空気を早く院生に吸わせることである。現場で学校臨床の授業をやっている先進的大学院の試みも知っている。素晴らしい試みである。若い院生を児童・生徒に触れさせ，学生の自発性と問題意識を高める貴重な機会となっている。ボランティアの学習指導教室，適応指導教室で活躍し，生徒から学んでいる学生など教師から高く評価されている院生もいる。

もちろん教員に事例報告したりする機会を設けることも大切である。

対応策②　初期不安の緩和

修士 1 年生は，入学後，新しい環境で，対人関係，居場所づくり，研究計画とその方向などさまざまな新しい課題に向き合って不安が高い。これを初期不安と呼んでいる。この不安を緩和できる院生が自分のペースで学習を展開できるのである。

私の仕事は，修士1年生たちの「初期不安」を緩和する仕事である。特にこの時期に特徴的な院生の心の動きを縛っている「しばり」を緩めるPCAGIPワーク（村山，2010）をやってみると，その意味は大きい。専門家縛り，マニュアル縛り，丸呑み縛り，問題解決縛りなどいろいろある縛りが少し緩み，研究や事例が進展するように思われる。

対応策③　大学院

「どれが正しいかでなく，どれが自分にフィットするか」を大切に聞き取る。

大学院では，各教員がそれぞれ自説を展開して，学生を引き付ける。どれも正しく，これまで臨床心理学を学習したことがない社会人などはパニックを起こしかねない。そこで，自分の感触にフィットすることを指摘すると，落ち着くことができる。

対応策④　柔軟に対応

「教育現場は複雑な世界」であり，「わからないこと」「予測できないこと」「大学院で学んだことのないことが連続して起こる」ことを院生に伝えることが，頭を柔軟にする。

対応策⑤　ディプロマ・プログラムが必要か

臨床心理士の間ではSC初任者とSC数年経験者の時間単価が同額なのはおかしい，との声をよく聞くことがある。現実に差をつけている県もある。

指定大学院でもいいし，SC経験者などが主催するカンファレンス方式のセミナーなどがすでに存在している。認定看護師のように認定学校臨床心理士なども一考に値しよう。いずれにしても，研修を充実させる方向が大切である。

まとめ

なぜ，私がここまで大学院教育の話をしてきたかといえば，結局，学校理解，学校アセスメントのためにも大学院での教育を充実させてほしいという思いがあるからである。学校臨床の現場には若い臨床家が入るため，もう少し，大学院時代の実践のなかで，「個と集団を見る目」を養えないものかと思うのである。個対個の臨床ばかりが臨床ではない。もちろん，それは大事だが，私が推すPCA流のグループだけでなくとも，コミュニティ心理学や家族療法，集団療法など，「個と集団を見る目」を養ってほしい。さまざまなネットワークのなかにクライエントはいるのであるし，当然，私たち臨床家や，学校，地域なども，そのなかにいるのであり，その視点を若いうちから育ててほしい。それこそが，より広い視点をもった，実践家－科学者モデルに則った臨床心理士育成への近道ではないかと思う。

文　献

村山正治（2010）グループワークとしての新しい事例検討．子どものこころと学校臨床，3; 86-97.

村山正治（2019）私のパーソンセンタード・アプローチの未来像を求めて．In：飯長喜一郎・園田雅代編：私とパーソンセンタード・アプローチ．新曜社，pp.249-268.

村山正治監修，井出智博・吉川麻衣子編（2015）心理臨床の学び方―鉱脈を探す、体験を深める．創元社.

第6章

連携をキーワードにみる SC事業の新しい展開への序曲的メモ

日本の公教育の世界に，教師以外に臨床心理士であるスクールカウンセラー（SC）を投入した歴史的国家事業は平成7（1995）年に開始され，今年（平成25年）で18年を迎えている。それまでも教育分野における臨床活動は確かにあったが，文部科学省や都道府県自治体が公費を投入し，学校のなかで臨床心理士の専門性を発揮し，同時に，教育の専門家である教師との共同作業を行うということは，画期的である。その結果，このスクールカウンセリング事業は教育界，保護者から高く評価されるに至った。不登校やいじめなどへの対応といった日常業務だけでなく，各地で起きる災害や事故，特に東日本大震災のスクールカウンセラー緊急支援事業でも，大きな役割を果たし，臨床心理士の評価は高い。むろん，震災当初，「こころのケア，お断り」といった張り紙が避難所に貼られるなどしたこともあり，臨床心理士の活動に批判的な声もあったかもしれないが，3年にわたって地道に行っている各地の臨床心理士の方々の努力を否定する声は，いまや少ないと感じる。「カフェあずま～れ」など多職種の連携が成功し，高く評価されている例もある。

「連携」とは？

他職種が一つの目的に向かって仕事することを協働や協同，連携など，あるいは，コラボレーションやリエゾン，チームアプローチなど，さまざまな用語がつかわれるが，著者は「連携」という用語が気に入っている。「連携」とは，「同じ目的を持った者が相互に連絡をとり，協力し合って，物事を行うこと」（広辞苑）となっている。が，しかし，実際の連携は，もっと複雑で定義しにくい。具体的に何をすることか，と言われると，答えることも難しいだろう。そこでSC事業において連携に関連した歴史的側面を振り返りつつ，今後の展開を述べてみたい。

1.「異文化接触」の視点から

SC事業は，学校文化とカウンセリング文化の異文化接触ともいえる。

SCの導入は，教育現場においては「黒船の襲来」とマスコミが書いたこともあった。閉鎖集団と言われてきた学校に臨床心理士を投入したことで起こるさまざまな摩擦があった。教師たちの抵抗もあった。しかし，振り返れば，かなり短い期間で，そうした摩擦は表面上なくなった。SCに批判的な人でも，その必要性をまったく無とすることは難しいところがあるだろう。というのも，この事業が開始された当初，特に実力とやる気のある臨床心理士が派遣されたのである。また，筆者たちが作成に携わった「ガイドライン」が評価されたこともある。ソフト，ハードの両面で，SCは有意義な存在だと認められたわけだ。社会で，教育界で「臨床士理士株」が上がったのである。

そして，同時に，教育行政の変化のなかで，学校の先生方がとみに多忙になられたという事情もある。それまではかろうじて多くの児童・生徒たちに目くばりができたものが，なかなかできなくなった。ちょうど，そこにSCがやってきた，というところもあるだろう。

そうしたところに，連携の素地はある。先駆者の臨床家がつくってきた，教師とSCの連携できる土台を，これからの臨床家の皆さんには，大事にしていただきたいと思うのである。いま，それなりに仕事がしやすいのは，どうしてだろうか？　ちょっとでよいので，そういうところに思いを馳せてほしい。そして，また，その土台をより頑強なものにして，次の世代が入ってきたときにも仕事がやりやすいようにしてほしい。

2.個人対個人から連携が始まる

「連携」というと，組織間，集団間，部署間のつながりというイメージを持ちやすい。しかし，大河の源流が一滴の水から始まっているように，大きな組織も一人ひとりの人間からできている。連携も当然一人の人間とのふれあいから始まる。この原点を忘れてはならならない。

ついつい私たちは，集団力動とか，システムとか，全体を単位として考えてしまいがちである。これらの理論は各自の引き出しに入れておくことは大切だが，源流は個人であることを確認しておきたい。

3．すべては聞くことから始まる

われわれは臨床家である。さまざまな技法や理論によって分かれているが，基本はラポールであるし，すべては相手の話を聞くことから始まっている。

白井論文（2013）に素晴らしいエピソードが書かれている。すべては聞くことから始まる。心のつながりは，そこから始まるのである。いうなれば，専門家同士の心がつながることが連携の原点である。

連携というと，専門家として意見を言う必要にかられるものだが，その前に聞くことを忘れないでほしい。

4．連携に関するエビデンスの集積

今までSCが築いてきた経験知をリサーチしていくことも大切である。ロジャースの名句に「事実は味方」がある。スクールカウンセリングの18年間にわたる「連携の実績とその効果」をリサーチして示すことが今後の課題である。

もちろん，学校の領域は，研究をしにくいという現実もある。プライバシーの問題で許可が得にくかったり，研究そのものへの理解がされにくかったりもする。そのあたりは，個人としても，業界団体としても必要性を訴えて是正してもらうしかないところだが，連携してきた専門家たちが益する研究をまとめていけば，また臨床心理のスクールカウンセリング研究に対する評価も変わっていくのではないか。

5．多様性・複雑性の時代への示唆

現代は，自己実現の時代であり，一人ひとりがそれぞれの生き方を実現できる方向に動いている。多様な生き方が認められる方向に動いている。自由と自立を謳歌するかのような時代である。しかし，一方では，その影のように，どうしようもない現実のなかで，さしたる希望もない未来しか見えず，選択肢の少ない生き方のなかで，時には泥をすするかのように生きている子どもたちもいる。多様性と複雑性の時代である。

SCは，教育の現場にいることで，社会の潮流の中で，生きている生徒や保護者，教員関係者があげるさまざまな叫び，うめき，喜び，悲しみを生で感

じとる機会に恵まれている。そこからさまざまな課題を発見するだろう。学校臨床は，さまざまな新しい取り組みが，アプローチが生まれてくる活気に満ちたフィールドである。

個人的に考えることの一つは，いじめやスクールカーストと呼ばれるような現象が起こっているなかで，どうしたら多様な価値観を持つ学校コミュニティの構成員にコミュニケーションの場を設定できるか，である。どんな子どもたちにも未来は明るいと知ってもらうためには，この方法が一番いいようにも思う。もちろん，こうした場を作るためには，カウンセリング，グループアプローチなどのさまざまなスキルや理論が必要になるだろう。自分と他人の相異性・独自性と共通性をどのように知り，形成できるか。児童・生徒が学べるといい。私たちも多くを学べるだろう。

もう一つは，多様な専門家が集まって，同じ目標に向かって作る連携のあり方である。その典型が東日本大震災への緊急支援である。行政の縦割りのように省庁間の連携の難しさがクローズアップされてきている。また住民間でも，移住者（避難者）と居住者の軋轢もある。文科省の担当官と雑談したとき，臨床心理士，医師，看護師，スクールソーシャルワーカー，学校臨床心理士，ボランティア，教育委員会，学校関係者の連携活動をどのように展開するかなどが大きな課題であると話し合ったことがある。

また高齢化社会後におけるオランダやフィンランドなど北欧の多様な職種の専門家たちの連携からも見習うところが多い。

日本で18年間実施してきたSC事業から，日本文化の中で役立つたくさんのヒントが得られている。さらにあと一歩前進するためには，われわれSCの中での連携が必要である。本論が役立つことを願っている。

文　献

村山正治・森岡正芳編（2011）別冊 臨床心理学「特集：スクールカウンセリング」．金剛出版．

村山正治・滝口俊子（2012）学校現場で役立つスクルカウンセリングの実際．創元社．

白井祐浩（2013）「しない」から見る一中学校における教師との連携．子どもの心と学校臨床，9; 26-33.

第7章

いじめの予防：ポジティブフィードバックの意義
――PCAグループからのアプローチ

いじめ問題は，大津の事件を契機に，いじめ防止促進法の成立，第三者委員会の設置など法的・教育行政的対応が進んでいる。学校の対応だけでなく，臨床心理士，弁護士，ソーシャルワーカー，当事者の保護者なども含めた多様な取り組みが必要な方向に整備されつつある。

本章では，これらの取り組みを支援する意味で，別の視点から，児童生徒の自己肯定感を高め個と集団のバランスを生きることに焦点をおく，PCA（パーソンセンタード・アプローチ）グループの意義を書いてみたい。

I　日本の教育の危機は自己肯定感の低さ

私は，日本の教育は危機に瀕していると感じている。おそらく現場の教師も保護者も，生徒自身も感じていることだろう。いじめ，不登校，ひきこもり，自殺，虐待，非行，ネット依存など「心理的問題」はいくらでもあげることができる。

こうしたさまざまな心理的問題に通底していることはなにか。渦中にいて悩んでいる児童・生徒・学生達にその問いを持って接触して，彼らのこころに耳を傾けていると，聞こえてくるこころの奥の声は，自分自身に向き合いたいが怖い，人と会いたいが批判されそうで逃げたい，自分はダメ人間である，などの自分自身への信頼の揺らぎであり，うめきであり，叫びであろう。筆者はそう認識している。心理的問題は，その人の心に入っていく入場券に過ぎないとは，かの有名な児童精神科医レオ・カナーの言葉である。

事実，日本・韓国・中国・米国の高校生国際比較調査（表1）では，2011年時点で，他3国に比較してみると，ダントツに日本の高校生の自己肯定感が低いことが明確に示されている（日本青少年研究所，2012）。日本には，

表1　自分の性格評価（ネガティブな項目のみ）
（「よくあてはまる」＋「まああてはまる」）

	日本	米国	中国	韓国
現状を受け入れる	56.7	64.5	54.5	37.6
人並みで十分	71.2	69.6	42.6	48.0
自分はダメな人間	83.6	52.8	39.1	31.9
将来に不安	78.2	60.5	46.3	73.3
自分のまわり重要	74.2	77.6	66.2	83.3

表2　自分はダメな人間だと思う

	1980年	2002年	2011年
「よくあてはまる」	12.9	30.4	36.0
「まああてはまる」	45.6	42.6	47.7

自分をダメな人間だと思っている高校生が83.6％もいる。米国は52.8％，中国は39.1％，韓国は31.9％である。「謙譲の美徳文化」を持つ日本なので，文化差を考慮すべきことは当然だろう。それにしても，差が大きすぎる。しかも，1980年，2002年，2011年，と日本の高校生の経年的調査結果（表2）は，ダメ人間と思っている割合が増加傾向にあることが示されている。

そして，このデータは，私のここ30年間にわたる，パーソンセンタード・アプローチの臨床体験と符合する。PCAグループは自己肯定感を導きだすものであるが，年々，それが困難になっているのである。そういうことから考えれば，日本の教育にとって最大の課題は，学生・生徒たちの自己肯定感を高めることにあると確信している。そこで，ここ10年ほど，仲間たちと，「PCAグループ」と呼ぶ新しいグループアプローチを開発して，大学・高校・専門学校・中学校・教師・看護師に実践し効果を上げてきている。具体的に方法を述べていきたい。

II　PCAグループの理論仮説

ロジャースのPCA仮説

ロジャースはかつてこう言った。「個人は自分自身の内部に自己理解や自己概念，基本的態度，自発的行動を変化させていくための大きな資源を内在させている。それらの態度は心理学的に定義可能な促進的態度に出会うとそれが出現してくる」。この仮説は人間関係の法則と言ってさえいいものであるが，心理療法家とクライエントだけでなく，あらゆる対人関係――つまり親子関係，教師と生徒，上司と部下，看護師と患者などに，適用されるものと仮定されている。

クーパー（2012）によると，共感は「実証的な効果的要素」，肯定的態度と自己一致は，期待可能でおそらく効果的な要素であり，心理療法の効果と相関が高いことを示している。しかも，これらの３条件は，ロジャース派だけに通用するのではなく，あらゆる流派に共通の効果要因であることがわかってきている。坂中正義（2001）は，日本のベイシック・エンカウンターグループで，この３条件が効果要因と相関があることを実証している。今後，さまざまな領域でこうしたことが検証されていくだろう。また期待したい。

Ⅲ　とある看護学校での PCA グループワーク

ここからはPCA グループワークの様子をご紹介しよう。思春期というより青年期の実際場面であるが，「いじめ防止」「仲間づくり」のワークとして，小中学校でも十分応用できるものがあるだろう。以下は，とある看護学校で新入生を対象にした宿泊型のPCA グループワークのプログラムである。1泊２日で７セッションを行った。

この後，看護学校のご厚意でPCA グループ終了後，３日目に参加学生全員が書いたグループ体験感想文をいただき，資料にしている。村山は感想文を読み込んで，ワークを「ねらい」「内容」「生成」の３軸に分けてみた（表３）。

1．ポジティブフィードバックの意義

PCA グループの多様なプログラムの中で,「夢と守護霊」と「心の花束」が集中的ポジティブフィードバックのセッションである。杉浦（2012）によれば，800 人の参加メンバーの感想文分析では，この２つのセッションが最も反応量が多いことを明らかにした。表４の学生の反応を見ていただくと，ご理解いただけると思う。

表3　PCA グループのプログラム（著者作成）

内容	ねらい	生成
ボディワーク	初期不安の軽減 嫌悪感をなくす 個人を重視した実施	初期不安の緩和 安心感 ゆったり感 身体と向き合う
80（100）マス作文	相互理解 遊び感覚 共同作業	相互理解の芽生え 遊び感覚の楽しみ 達成感 創作
自己紹介	自己開示 相互理解	相手を知る 印象の違い 第一印象の思い込みを解消 思い込みに気づく
お任せセッション （ドッジボール大会）	チームプレー 遊び 自発性 自主企画	解放感 自由感 試合遊び 賞品なし 連帯感
コラージュ	非言語的自己表現 対人不安の軽減	達成感 安全感
夢と守護霊	守護霊方式 自己開示 傾聴とフィードバック 相互支援	発言→受容 承認体験 傾聴 肯定感の増大 一体感
心の花束	自己肯定 相互支援	他人からの承認 団結感

2．「夢と守護霊」ワークの方法

夢を語り，その実現に向けた仲間のフィードバックと連帯つくり（通称：夢と守護霊ワーク）を行う。

目的：メンバー一人ひとりが自分の将来の夢，ビジョン，やりたいことなどを語り，一人ひとりのメンバーからの肯定的フィードバックを受けて，相互理解，自己理解，連帯感が育つ機会とする。夢だから，実現可能性など考

表4　セッションの内容（渡辺元作成）

第1セッション ボディワーク	少し緊張していたのですが，セッション後は少し楽な気分になった。 自分をほぐし，気持ちがゆったりとした。 体をほぐし，普段気付かない体の疲れや変化に気付くことができた。心身ともにリラックスでき，落ち着き，人の話を聞く余裕のようなものが出てきたと感じた。
第2セッション 80（100）マス作文	みんなで一つの文章を作り上げる楽しさを実感しました。協力するのは楽しいです。また，今まで話したことがなかった人とも話すことができ，こういう人だったんだなと知ることができました。 「何を考えているのだろう」と相手の思っていることを想像しながら行いました。 皆で一文字ずつ考えて1つの作文にするというセッションでは，ワイワイ話しながらさっきまでモジモジしていたのが嘘のように話し，皆で考えながら行えました。 他の人がどう言った文章を作りたいのか何と伝えようとしているのかをくみとることが難しかったけど，それを考えながら文章につながりが見えた時に一体になれたような喜びがありました。
第3セッション 自己紹介	グループメンバーについて良く知ることのできた時間でした。好きなモノや誕生日の思い出，佐賀のお勧めスポットなど，グループで雑談すると，今まで話したことのなかった人について色々知れたし，話したことのなかった人でも意外な一面を知れたりと新しい発見もありました。話し始めは，話したことのない人同士だったからか，なかなか話が続かず沈黙する時もありましたが，段々とみんながいろいろ話をするようになり，少しずつグループでもうちとけて楽しく話ができました。 グループのことがちょっとわかって親近感がわきました。 自分のことを知ってもらい，メンバー一人ひとりのことを知ることで連携作りができることを学びました。
第4セッション お任せセッション（ドッジボール大会）	クラス全員でのレクリエーションで長縄とドッジボールをした時はグループワークとはまた違う楽しさがあった。久しぶりにあんなに動き回ったし，話したことのない人とも話せてよかった。 スポーツを通じてのコミュニケーションはとりやすく，たくさんの人と話すことができました。関係を深めなくても，取れるコミュニケーションがあり，そのくらいが丁度いいと思いました。 グループと心を一つに長縄跳びを少しでも長く飛んだり，ドッジボールで盛り上がったりと運帯感を深めることにつながりました。
第5セッション コラージュ	クラスの人たちのことも知れましたが，自分はどう思っているのか，どう考えていたのかなど自分を見つめ向かいあうことができたのではないかと思いました。 どんなことを考えている人なのか，どういう考えを持っている人なのか知ることで共感や興味，その人の人間像のようなものをイメージ，理解がしやすかった。また，自分のことや自分の考え，将来の希望など自分を客観視できたことで自己理解や将来への自分がどんなビジョンを持っているのか分かって良かった。 メンバーのコラージュを見たり，夢を傾聴することで全く話したことのなかった人のことはもちろん，高等課程からの仲間の新たな一面を知ることができたりなど，自分を知ってもらえた安心感や自己理解の促進がとても近くなったと感じました。

表4　つづき

第6セッション 夢セッション	自分自身を見つめ直すと同じくして，グループの一人ひとりと向き合うことで，自分を知り相手を知り，共に肯定し合うことで恥ずかしながらも気持ち良く，またこころ強くもなれた。そしてこんな自分だけど素直によろしくと自分自身にも伝えたようで，これからの人生で良く付き合っていこうと思いました。
第6セッション 夢セッション	どんなことを考えている人なのか，どういう考えを持っている人なのか知ることで共感や興味，その人の人間像のようなものをイメージ，理解がしやすかった。また，自分のことや自分の考え，将来の希望など自分を客観視できたことで自己理解や将来への自分がどんなビジョンを持っているのか分かって良かった。 このセッションを通して自分の夢や思い，考えなどをグループの人たちに聞いてもらい，またそれぞれの考えなどを言ってもらうことで，悩みは自分だけが持っているんじゃないと少し安心したし，もう少し頑張ってみようという気持ちになることができました。自分の夢のためにはどうすればいいか，自分の考えだけでなく他の人の違った意見も聴くことで，いろんな方法があることに気付けたし，自分は間違えていないんだなと自信を持つことができました。
第7セッション 心の花束	一番印象に残ったセッションは心の花束法で自分の良いところ，グループメンバーの良いところを手紙で書くことでした。グループメンバーの良いところはセッションを通して書くことができましたが，自分の良いところを書くときには，考える時間が必要でした。自分では良いところと思っているけど，過去をふりかえってみると，良い部分と悪い部分であることがわかりました。そしてメンバーから発表された時，自分が書いたことがメンバーからの手紙に入っていると，とても自分が認められた，自分を良く見てくれている，と感じ，とても精神的に安らぐ感じを覚えました。 自分は今まで人の良いところを見つけようと思って人に接して来たことがなかったことに気づいた。大変な作業だと初めは思ったが，これまでのセッションの中でできてきた連帯や信頼など人間関係を築いてきている仲間なので，良いところが出てきやすかった。 ２つのことを学びました。１つ目はこれまでは人から自分の長所を聞いても，ただ満足して終わっていましたが，その長所を伸ばすことに意義があり，自己の向上心を発展させることが大切だと学びました。２つ目は，意識して相手を観察してみないと，相手の長所はなかなか見つけることができないことに気づきました。しかし意識して見つけて相手に伝えることができれば，私がグループの人から評価された時に嬉しかったことと同様に相手も嬉しいと感じるだろうと思います。それが相互理解へとつながり，よりよい人間関係に発展することを学びました。

えないでよい。

時間：全体で 150 分ほど。

実施方法：

①全員の前で，円陣を組み，スタッフ３〜４人で，デモンストレーションを行う。

② 1 人が夢を語る人になり，４分程度夢を語ってもらう。

③それを聞いていた他のメンバーが，夢を語ってくれた人の後ろに回って，その肩に手を当てながら（これを守護霊方式と呼んでいる），

A）夢を聞いて感動したところ，印象などを伝える

B）その夢をかなえるために，できそうな支援，役に立ちそうなことなどを伝える

C）これを一人ずつ順番に行い，夢を聞いた人全員の守護霊行動が済んだら，夢を述べた人が感想を述べる

④拍手で次の語り手に交替する。

以下は同じ手順で実施する（注：時間係をグループに作っておくこと）。実施の前に，

- 夢のメモ作成（５〜 10 分程度時間をとる）を行ってもらう。B5 １枚程度の用紙を配布し，夢を語るときのメモを作成する。
- その後，一番先に夢を話す人を決め，①〜④のデモンストレーション通りに行う。

３．「心の花束」ワーク

目的：メンバー一人ひとりの（自分のことも書く）魅力，よいところ，尊敬できるところ，長所をお互いにフィードバックし，自己理解と自信を深める契機にする。

時間：全体で 150 分ほど。

実施方法：

１）花束カード作成段階（60 分）

①花束カードの作成（各自は画用紙をはさみで切り，メンバー分のカードを作成する）。

②１枚ずつ宛名を書く（スタッフは花束図を板書する）。
③メンバー各人のいいところ，魅力的なところ，尊敬できるところを３つ以上織り交ぜて，心を込めてメッセージを書く。
留意点：グループで相談しない，メンバーに見せない。書いたカードは裏返しにしておく，差出人の名前は書かない。

2）花束の発表段階（20～30分）
①カードを宛名の人に裏返しのまま配布する。
②集まった自分宛の花束カードを，そっくり右隣の人に渡す（自分のカードを自分が発表しないため）。
③一番に読む人をきめる。
④１枚ずつ丁寧に他の人に聞こえるように読み上げる。
⑤読んでもらった人は，自分宛のカードをすべて読んでもらったら，花束カードを受けとり，感想を述べる。
⑥拍手して，終了。
⑦次は，花束カードを読んだ人の右隣の人が読む（順次メンバーみんなが読み上げてもらうまで継続）。

3）全体でシェアリング

この２つのワークは，学校や職場で単発でも活用することができる。

Ⅳ　教師のための相互肯定フィードバックセッション

ある高校の教師のための研修で,「心の花束」を実施したことがある。このワークを創った理由などを述べた後，１グループ６人編成で60人の全教員に参加いただいた。校長と教頭さんは前方の席で見学していた。教員の方々は，熱心に参加され，笑いと熱気に包まれたセッションが終了した。そのとき，一人の女性教師が立ち上がり，「校長と教頭の花束カードを全員で書きたいので，時間をとっていただけないか」との提案があった。私は，感動して，すぐ賛成した。15分程度あとで，全員が校長・教頭に「心の花束」を渡した。そこで私は，校長・教頭に「皆さんに読んでいただけないでしょうか」と提案したら，校長さんが，OKしてくれた。校長さんは花束を読み上げながら，涙，涙であった。私もこの情景に感動した。当初の私の計画にはなかったことだった。

ここで私が学んだことは，生徒の自己肯定感だけでなく，実は教員がもっともポジティブフィードバックを必要としている事実であった。このプログラムは，児童生徒だけではなく，もっと教員に参加していただくことも大切である。

教師がコ・ファシリテーターとして参加する意味

ある看護学校では，PCA グループ１日ワークや１泊２日ワークに必ず教員が各グループに参加している。訓練を受けた心理臨床家がファシリテーターを行うほうがよりよくグループを展開できるが，そのファシリテーターの補佐的なポジションの「コ・ファシリテーター」に，その学校の教師がなってくれると，よりグループが潤滑する。この効果や意義は大変大きい。教員からは，生徒によっては学校とまったく異なる次元を見せてくれるので，生徒理解が深まること，教員自身をわかってもらうこと，この後の進路面接等がやりやすいこと，などの意見をいただいた。五月病がなくなったとの報告を受けたこともある。

このようなワークを行えば，教師と生徒との相互理解が深まって，学級経営に大変役立つことだろう。これからは，教師の参加体験を促したい。

V　PCA グループ体験が生み出す３要因

白井（2011）の研究から，PCA グループ体験は児童・生徒に３つの要因を体験させ，その体験によって，クラスの雰囲気が個人尊重と連帯，自分らしさが形成される契機になることがわかってきている。

PCA グループが生み出す３要因

PCA グループが生み出す３要因は，「自分らしさの肯定」「メンバー相互のつながり」「個人の尊重」である。これは，院生たちが仲間で一緒に共同研究をやっていて，その中で白井が PCA グループプロジェクトで実施している参加者カード記録を因子分析して，３つの因子が出てきた。

１つは「自分らしさの肯定」。例えば「このクラスで私は素の自分で過ごしていると思う」「私はクラスのメンバーに自分の意見などを伝えている」「このクラスで私は本来の自分を出せていると感じる」などの項目である。これは自分らしさの肯定，つまりクラスの中で自分の素のままでできるだけいられる。仮面を過剰にかぶらなくても自分の素でいけるということである。

２つ目は「メンバー相互のつながり」である。「私はクラスに対して仲間意識を持っている」「クラスの中で安心していられる」「クラスメイトに対して絆を感じる」「私はこのクラスで居心地がいい」という項目である。

「自分はクラスの中で孤立している」，これはマイナス項目であるが，こういうようなことを研究調査して，メンバー相互のつながりが大事だということが出てきた。

３つ目は「個人の尊重」である。要するに，一人ひとりの存在を認め，多様性を認めること。「このクラスでは，人と違うところがあっても駄目ということではなく，個性として認めてくれている」。一人ひとりの多様性を認めるという項目なのだが，そういうことで，「言いたいことが言える」「一人ひとりの価値観を尊重していると感じる」「意見の違いがあってもクラスの中で一緒にいられる」「その人らしさを認める」ということになる。

Ⅵ　終わりに

本章は，いじめ問題に直接対応する方法ではない。生徒一人ひとりの自己肯定感の増加，生徒相互の援助力，クラスの雰囲気，教員と生徒とのポジティブフィードバックの体験，つまり PCA グループ体験が生み出す生徒自身の自己肯定感の増大が，学級の変化を生み，各人の個性が生かされ，自己と他者との相違性を受け入れることにつながる可能性を示唆した。いじめを生み出すさまざまな壁が少しでも溶けていく契機になるだろう。いじめ問題が起きても，担任と生徒が協力しながら対応していくプロセスが展開していくであろう。

PCA グループプログラムの体験を媒介に，参加された一人ひとりが，自分を肯定し，相手を肯定し，相互の信頼が生まれるなかで，こころは柔らかく，柔軟な対応をしながら，自分らしく生きる方向に動いていくプロセスが始まるだろう。

文　献

ミック・クーパー（清水幹夫，末武康弘監訳，2012）カウンセリング効果の研究．岩崎学術出版社．（引用は第6章）

村山正治（2014）こころのエンジンを育てる教育．自己肯定感を高めるために．東亜臨床心理学研究，13 (1); 13-27.

村山正治（2014）PCAG の現代的意義．立命館大学心理・教育相談センター年報，12，5-21.

村山正治（2014）PCA グループの現状と今後の展望．人間性心理学研究，27 (1･2); 81-86.

村山正治監修・鬼塚淳子編（2014）じぶん＆こころまなぶ BOOK．培風館．

村山正治編著（2014）自己肯定感を高める PCA グループ入門．創元社．

日本青少年研究所（2012）高校生の生活意識と意識に関する調査報告書―日本･米国・中国・韓国の比較．

坂中正義（2001）ベイシックエンカウンターグループにおける C.R. Rogers の3条件の測定―関係認知の視点から．心理臨床学研究，19 (5); 466-476.

白井祐浩（2011）PCA グループによる個人のあり方を尊重する学級集団の形成．日本人間性心理学会第 30 回大会発表資料．

杉浦崇仁（2012）テキストマイニングを用いた複数 PCA グループにおけるセッションの意義について．第 31 回日本人間性心理学会大会論文集，136-137.

渡辺元・杉浦崇仁・村山正治（2013）PCA グループセッションの意味の分析の試み．東亜臨床心理学研究，11 (1); 19-28.

第8章

新しいスクールカウンセラー：チーム学校をめぐって

I　はじめに

平成27（2015）年8月22日武庫川女子大学公江記念講堂で行われた学校臨床心理WG企画主催スクールカウンセラー事業20周年記念シンポジウム「スクールカウンセラー──これまでの実績とこれからの課題」（詳細は，村山・西井（2016）にもある）は800人以上の参加者が集まり大好評であった。本章は，これを受けて，各シンポジストに当日の発表を大幅に書き換えてもらい，最新の情報に組み替えた論文集である。これらに新しく巽氏に寄稿してもらった。読者の皆さん，とくに学校臨床心理士（ここでは臨床心理士の資格を持つスクールカウンセラーを指している）には最新情報満載の必読論文が目白押しである。ぜひ読んでこれからに備えていただきたい。

II　チーム学校──大きな学校教育改革の具体化が進行中

西井論文は「チーム学校」のコンセプトの丁寧な解説，現在の準備状況が緻密に報告されている。チーム学校の全体状況が理解できる貴重な論文である。福田論文も併せて読むと現在の「チーム学校」具体化の進行過程がよくわかる。

また坪田知広 文部科学省初中局児童生徒課長の寄稿に大変な感謝を申し上げたい。昨年のシンポジウムでも率直な発言で大活躍をいただいた。本論文では，「チーム学校」の具体化の先頭を走っている行政の立場から，①平成28年度予算に200校SC 5日派遣校を予算計上し，先導試行すること，②新しい状況におけるSCの役割定義の検討，③SCの活動評価としてPDCAサイクルなどの視点の取り入れなども提案されている。必読の論文である。

III チーム学校における学校臨床心理士の役割像

福田は文部科学省の教育相談に関する協力者会議の委員として活躍している。一番新しい情報を持っている。彼はどんなイメージを持っているのか福田論文から拾い，そのポイントを挙げておきたい。

①チーム学校という教育改革の意義：平成７年の改革は学校を閉鎖空間から解放空間へ――教育現場に学校臨床心理士という外部の専門家をチェンジエイジェントとして投入して，閉鎖性を破った大きな試みだった（鵜養，窪田，巽の論文に大きな成果を収めたことが書かれている）。
②今度の「チーム学校」の改革はさらに学校コミュニティを多様化させる。
③教育再生で，多様な専門家を投入する目的は，「児童生徒一人ひとりの自己実現」「個の尊重」である。グループアプローチも個を中心としたグループであることが求められる。
④学校文化に呑み込まれない，埋没しない：専門性を土台にした内的権威を求められる。
⑤常勤化しても外部性を充分に活用できる。
⑥スクールソーシャルワーカー（SSW）と学校臨床心理士との協働のあり方がすみわけ的に論じられている。
⑦多職種をつなぐファシリテーターの役割が重要になり，チェンジエイジェントとして，諸システムの維持と改善に働きかける。

IV SC の常勤化時代の到来と外部性

SC の常勤化は，長年，多数の SC から望まれていたことであり，文部科学省も考えてきたことである。20 年でやっと時機到来である。ただし，臨床心理士単独ではなく，多職種配置という形態である。これまでの SC 活動は文部科学省の活用調査事業であったが，平成 20 年度には常勤的配置を各地域で実現する計画とのことである。教育現場に SC や SSW を常勤として登用するには，学校教育法などの法律の改正が必要である。目下，文部科学省が取り組んでいる。

常勤化にともない，これまでのSCの外部性をどのように維持するかが課題である。しかし，チーム学校体制の形態に関しては現段階では不明な点が多い。前例のないことなので，時間をかけた検討を待ちたい。高田晃・石川悦子は「チーム学校における心理職に要望される専門性」を研究協力者会議ヒアリングで提案している（高田・石川，2016）。

V　SC事業のこれまでとこれからの物語

鵜養氏は1995年から始まった学校臨床心理士の誕生から現在までを支えてきた生みの親の一人である。その彼が人間の成長にたとえてSCの誕生から20歳までの成長物語を書いているのに引き込まれ読み進めると，小説を読んでいるように興奮してくる私を感じる。臨床心理士の新しい挑戦の場であり続けている。多様な学校現場で働く一人ひとりの学校臨床心理士が，困ったり，憂えたり，落ち込んだりしている体験を持ち寄り，聞いてもらい，発表し，情報を共有する場や過程を設定することから，新しい実践知が織りなされ，既成の学問知が工夫され，変容して活かされる。それを20年繰り返すと，なんと「統合的学校臨床心理学」が生まれてくるという。かかわってきた一人ひとりの学校臨床心理士がもつ経験知，実践知を，それぞれが関心をもっている背景の流派を活かしながら，現実の対応を積み重ねていけば，おのずと表現は違えども，同じようなことを伝えていることは多いだろう。学校臨床という現場から，臨床心理学そのものを変えるようなアイデアが生まれるかもしれない。

香川論文は，理論的に鋭い視点が多数展開されている。関係性，構造，見立の３本がカウンセリングの本質であると指摘する。特に「ある関係を体験することそれ自体が援助になる」との指摘は，温故知新，成果主義のなかにあって忘れがちな重要な視点である。また社会変動によるクライエントの変化にも注目して，あたらしい対応の必要性を指摘している。吉田論文も同じ提案をしている。

吉田論文は，長いSCとSV体験からの日本の学校文化に根差した提案が特徴である。教員との連携の重要さを強調して具体的な提案をした示唆に富む論文である。①共同守秘義務の周知徹底，②教師のこども理解，保護者のこども理解をすすめ，教師が対応できるように支援する，③役割はコンサルテーションと個人カウンセリングの中間，④研修，SV の徹底など重要な提案がなされている。

Ⅵ　多職種協働

チーム学校のコンセプトは，教員以外の専門家を学校に登用するので，教員を教育の仕事に専念させる対策の一つである（西井論文参照のこと）。これは，重要な対策である。しかし多職種協働は日本文化・社会に馴染んでいないので，運用上，かなりの工夫が求められるであろう。現在，登用される学校臨床心理士やスクールソーシャルワーカーなどの専門家の専門性と役割の定義や明確化の議論が文部科学省に設置されている教育相談に関する研究協力者会議で進行中である。いずれ報告が出てくることを待つことにしたい。しかし，定義ができても，教育現場とは無限に多様性な課題が続出する複雑系の世界が特徴なので，定義通りに運用できないことが続出する可能性がある。したがって，運用の妙を発揮する必要があるだろう。生かすも殺すも，運用次第だろう。生徒の自己実現のために，専門家の持っている専門知，実践知を動員するスキル，ノウハウが必要であろう。

Ⅶ　学校臨床心理士が積み上げてきた多職種協働の知恵

これまで学校臨床心理士は「外部性」を保持しながら，20 年も経験を積んできていて，その実績は高く評価されている。緊急支援，暴力問題などの対応では，多職種協働なしには対応できないから，さまざまな対応と工夫によって実績を残してきているのである。あえて言えば，すでに「チーム学校の先導経験」をかなり積んできているともいえるであろう。

緊急支援の窪田論文や巽論文にその実績や知恵が満載されている。

窪田論文は，SC の仕事で社会的に高く評価されてきた緊急支援活動の基本的な考えとこれまでの成果を簡潔に手際よく整理している。さらに今後の課題として，①さらなる組織化，②コミュニティ・ベースの緊急支援の効果検証，③臨床心理士，教育行政，学校，教員たちと必要に応じた合同研修など広い研修の保障など，今後の発展の方向を提示している貴重にして迫力ある論文である。

巽論文にも触れておきたい。暴力行為をめぐる大阪府の素晴らしい取り組みの実例である。多職種協働の実際例ともいえる。詳細は読んでいただきたい。学校だけで対応できない事例には，学校体制支援チームが創生されていること，大阪府には学校体制支援チーム（弁護士・臨床心理士・社会福祉専門家）があること，奈良刑務所教育専門官などの監修で『いじめや暴力行為も未然防止と解決』のブックレットを作成し現場の教員とともに活用している。

他の都道府県でも似たような創造的工夫がこらされていることは見聞している。今後こうした実際例を集めて情報共有したいものである。これまでの学校臨床心理士が経験的に積み上げてきた対応や実績がこれからできるチーム学校の諸制度や法律的対応に守られ，さらに活かされる方向で運用されることを願っている。

Ⅷ　ファシリテーター訓練

多職種協働のためのグループワークに必要なのはファシリテーター訓練であろう。村山は PCAGIP（ピカジップ）と呼ばれる新しい事例検討法を開拓してきている。今日の学校現場のように，一事例に多職種が関わるようになると，関係者全員が集まって一事例を検討するための話し合いをすれば，お互いの専門性が役立っていることが見えて，専門家相互の競争でなく，当事者に役立つ支援の視点が生まれてくる。

Ⅸ　新しい地点に立っている私たち・これから創造していく未来

常勤的配置となれば，実際の活動はこれまで築いてきた SC モデルの修正発展が必要になろう。みんなでチーム学校体制における学校臨床心理士の活動モデルを創造していこうではないか。

20 年前，文部省（当時）は教育改革のために，外部性として学校臨床心理士という専門家を学校に派遣する決断をした。「黒船来襲」との批判と抵抗があったが，派遣された SC の優れた人間性と専門性を土台に活躍，教育現場からたいへん高い評価を受けてきた。また，窪田をはじめ，各都道府県，自治体に特化した緊急支援モデルを作り上げ，実際に役立ち，貢献し，高い評価を得た。本特集には先達の知恵が込められている。ぜひお読みいただき，腕を磨く参考にしていただきたい。

思い出すのは，1995年に私たちは学校臨床心理士のためのガイドラインを作成したときのことである。その7原則のトップに「柔軟に対応」という言葉をおいた。専門家の専門性の最も大切なことはマニュアルでは書けないさまざまな状況に対応できることである，と当時の仲間と一緒に考えた言葉である。

これから「チーム学校」で学校臨床心理士が出会う「既成の回答のない」さまざまな新しい，課題が待っていることだろう。これまでの実績をバックに，一人ひとりの体験を共有し，情報共有のシステム，相互交流システムを創りながら，新しい事態に挑戦し，発展していきたいものである。

注）本章は，『子どもの心と学校臨床 第15号』（遠見書房）の冒頭論文である。

文　献

村山正治・西井克泰（2016）「チーム学校」で動く新しい教育改革と学校臨床心理士．日本臨床心理士会雑誌，24(2); 37-38.

村山正治・西井克泰・羽下大信編（2016）新しいスクールカウンセラー―チーム学校をめぐって．子どもの心と学校臨床，15.

高田晃・石川悦子（2016）チーム学校において心理職に要望される専門性．日本臨床心理士会雑誌，24(2); 21-22.

第9章

スクールカウンセラーの創成期から未来に向けて

皆さんと一緒に創造してきた23年間

公認心理師の心理支援においては,「協働」がキーワードの一つになっています。医療の枠組みではチーム医療という言葉に代表され，教育・学校分野においても同様に,「チーム学校」という言葉があり，スクールカウンセラーはチーム学校に入っています。そういう流れの中でこれからどうやったらいいんだ，ということが一番大きなテーマだろうと思います。今日これだけたくさんの方がここに出席されて新しい方向を，皆さんと一緒に考え創っていく時機にきたという意味で，学校臨床心理士の流れをつくってきた一人として嬉しく思います。

この23年間，私たち学校臨床心理士WGの仲間と一緒に，そして皆さん方と一緒にやってきました。今日ここでも，日本臨床心理士会の会長 津川律子先生，日本心理臨床学会 田中新正先生，日本臨床心理士資格認定協会専務理事 藤原勝紀先生，3団体の代表の方がご挨拶にて大変過分なお言葉をいただきました。文部科学省からも松木秀彰児童生徒課生徒指導室長に来ていただいています。

この理由をまず説明します。日本学校臨床心理士全国研修会はこれら3団体のバックアップのもとに進められてきました。この時期に文部科学省の高官を招待して，来年度の予算とか，文部科学省がこれから進む方向などをお伺いして，私たちがそれに対応していこうという意図があります。言い換えますと，これは私たちと学校臨床心理士の皆さん方がそれぞれ自分の持ち場で一生懸命，自分の責職を果たしながら，この関係をつくってきた，というふうに私は考えています。

したがって今日，大事なことは，皆さん方と一緒に，新しい方向に私たちとともにチャレンジして一緒につくっていく。いいですか！　ここで何か解決策とか新しくこうすればいいんだとか，そういうことは今日これまでのお話に確かにありましたけれども，なかなかはっきり見えないですよね，今ね。だから私たちは皆さんと一緒にこれからをつくっていかないといけません。新しい時代に突入しています，それは同時に私たちが皆さんと一緒にこれまでの経験と実績を基礎にして創造していくプロセスがはじまったことを意味します。そういう時代になってきたと思います。

世界の大転換期に生きている私たち

それにしたがってお話をさせていただきます。最初に私，個人の問題として少しお話しますが，私は若い頃から自分がどう生きなきゃいけないんだろうとか，自分はどうあったらいいんだろうとかを考える癖がありました。今でも，現在の日本社会はどうなっているんだろうとか，人類はどのような方向に進んでいくんだろうとかを考えます。そういう考えをいたしますと，どうも現代社会というのはやっぱり大転換期に来ている，私たちはそういう時代に生きている。それはつまり科学についての考え方や，あるいは臨床心理がどうあったらいいのか，人間をどう考えたらいいのか，社会システムとしてどうあったらいいのか，そういうことが問われている時代に私たちは生きているのだという思いが強くあります。

フィンランドに３年前に行きまして，日本はすごく経済大国だけれど，あまり住みやすくないな，どうしたらいいんだろうと思うことがありました。60 年代は私たちが自己実現を追い求めてきて，世界的にもそういう流れでした。今いろんな方面から，人間のあらゆる活動の方面から，今後さらに発展させていくための方策を探している。それをパラダイムといいますが，パラダイムを探してる時代なのだと私は受け止めています。

チーム学校のスクールカウンセラーがどうあったらいいのか，今日も含めこれから実践しながら，そして私たちの仮説が正しいのかどうなのか，現場と接触しながら，あるいはチームの人たちと話し合いながらつくっていく。そういうプロセスを私たちは生きている時代なのだと私は理解しています。したがって，冒頭にありましたように，解決策は簡単には見えない。こうすべきだというのは簡単には見えないことをまずはご理解いただきたいと思っています。

SC 事業の成果とその意義

先ほど申しましたように，平成7（1995）年から20数年間，スクールカウンセラー事業を皆さんと一緒にやってまいりました。臨床心理の世界で一番初めに学問的なフィールドを開拓し確保したこと，それから職業の場として確保したこと，また新しい臨床心理のあり方をつくって社会的な認知を高めたという意味では，これは大変大きな革命的とよんでいいほどの仕事をしてきたと手前味噌ですが思っています。「静かな大革命」を皆さんとともに成し遂げてきたといえましょう。もちろん自分だけでやったというわけではありません。皆さんと一緒にやってきたのです。最初に事業がスタートしたのは平成7（1995）年で事業費が3億円で154校でした。今では少なくとも事業費が33億円，2万校以上の学校に派遣されています。これは私たちが皆さんと一緒に頑張って築いてきた事実なんです。文部科学省と協力しながら，皆さんと私たちが頑張って，学校で，社会で臨床心理士が役に立つという評価があるからこそ続いている事業なのです。今は事業の段階ですから不安定ですが，文部科学省がスクールカウンセラーを徐々に常勤化したり，法律でスクールカウンセラーを導入する話が進んでいくと，経済的に安定する。法律で，必ずスクールカウンセラーを学校に配置する方向が今日は出てきています。

私たちはさきほど紹介した3団体と協力しながら，実際に研修とか学会を開催し，学問的なレベルを高めようとしてきました。ご覧いただくと各都道府県の方々，臨床心理士会の方々，あるいは学会の方々，そういう方々が皆さんそれぞれ自分の力を発揮して，成り立っている事情をご理解いただけると思います。これまで築いてきた実績を元に新しい時代に入ったと思っています。

業績を生み出した WG の哲学

私たちが実績をつくってきたいくつかの基本的な考え方，あるいはそのシステムを少しお話します。これからお話ししていく過去のことから，今後に関して見えないことが多いのですが，私，個人の考えをいくつか申し上げてみたいと思います。そんな形で私の時間を使わせていただこうと思っています。

まず私どもは平成7（1995）年に，難しいことにいろいろと直面しました。日本の公立学校への臨床心理士という専門家を導入すること自体が，そもそも前例がなかったのです。平成7年は学校にとっては良く聞くフレーズで「黒船の襲来」といわれ，「江戸時代のペリー来航」にたとえられました。皆さんにとっては当たり前に受け取られるかもしれませんが，実はマスコミがネーミングしたものです。「日本の学校文化」のなかに新しい専門家を入れることが，どれほど学校側にとって脅威だったか。つまり異文化の侵入です。そういう事態として受け止められて，「スクールカウンセラーはいらない」「スクールカウンセラーを雇うということは自分の学校が問題多発の学校なんだと評価されることだ」「問題児ばっかりの学校なんだ」，そう思われていました。ですから，現在のように学校が受け入れてくれるような状況ではなかったのです。

一方で1982（昭和57）年に日本臨床心理士資格認定協会が発足し臨床心理士を養成し始めました。そして河合隼雄先生，成瀬悟策先生が事例研究を中心とした日本心理臨床学会をつくり，私たち臨床心理士が実力をつけてきた。そのような経緯をたどって154校にスクールカウンセラーがはじめて派遣された。2年目からは多くの学校からスクールカウンセラー派遣依頼が寄せられる事態になりました。それからは瞬く間に予算も増えていきました。それはやっぱり学校臨床心理士が学校現場で役に立ったからです。私たちにその力があったから，自分たちのやってきたことをこれらの会を通じて検討し，仕事の質をより高めていきました。結局プロの仕事は絶えず生涯学習であり，自分のやってきたことを実践で確認しさらに充実した方向へ変えていくプロセスです。それが私たちが今日，ここまでこれた最大の理由だと思っています。この姿勢を大切にしたいです。

それからいくつか大事な点があります。当初，学校現場はスクールカウンセラーを歓迎する姿勢ではなかったので，学校臨床心理士という言葉を作らなければいけなくなりました。なぜかというと，カウンセリングは当時，学校教員がやることだとの認識をもたれていました。スクールカウンセラーは誰でもできると思われている時代でもありました。行政的には名称は「スクールカウンセラー」なのですが，担当するのは臨床心理士です。臨床心理士が請け負う意味をこめて「学校臨床心理士」と名づけました。そのような経緯があり，当時これは新しい言葉でした。

バックアップシステムの創設

私たちにとっても 1982 年に認定協会ができて，みんな実力をつけてきて，社会に対して働きかけていく時期でした。ある意味，私たちがこの事業，文部省（当時）と一緒につくってきたスクールカウンセラー事業がうまくいかない場合は臨床心理士はもういらない，使いものにならないとの社会的評価が出てしまいます。私たちとしては，ここでなんとか勝負をかけようと，当時河合隼雄先生，成瀬悟策先生，大塚義孝先生，村瀬孝雄先生をはじめ，日本心理臨床学会と日本臨床心理士会，認定協会の３団体の役員を中心に集まり，何か新しく対応していく組織をつくらないといけないとなりました。新しい事業ですから臨床心理士も私たちもあまり大した知識がない。うまくいかないこともたくさん起こるだろう。だからバックアップシステムをどうしてもつくらなきゃいけないんだと。それを３団体でこしらえました。３団体の学校臨床合同専門委員会が結成され，のちに学校臨床心理士ワーキンググループと改称しました。

何をやってきたか？　一番大事なのはガイドラインを作ったことです。これも大塚先生はじめ，鵜養啓子，谷口正巳，村山正治が中心にまとめました。これまで校長とか学校での経験がある方，あるいは公立学校，私立学校でスクールカウンセリング経験がある方などを集めて，学校での実践につながる方針を真剣に議論しました。そして，ガイドラインを作りました。一番大事だと思うのは「柔軟に対応」（笑）でした。これは常識的にはガイドラインではないですね，明らかに。批判も受けました。「村山さん，こんなのガイドラインじゃないよ」との批判でした。しかし，私たち WG は「学校は校長の顔ほど種類がある，みんな違うんだ，一つのお城みたいなもんだ」「下手に統一の基準を作ると有効性がなくなる，だからそういうものは作らない」と答えました。専門性を生かすとは，柔軟に対応することだと，私は今でもそう思っています。「柔軟に対応すること」が臨床家，あるいは専門家の一番大事な資質と思います。それを磨くために一生懸命勉強する，結果としてどんな事態が起こっても今までのルールに縛られたり，今までの規則に縛られたりしないで，その場でもっとも適切な対応ができるようになる。それが私たちの「柔軟に対応」ってことの力なんです。

学校コミュニティ論

私はキャンパスカウンセラーを九州大学時代に７年ほど経験していました。キャンパスカウンセラーをしてみますと，個人クリニックでしているものとは役割が大きく異なることに気づきました。キャンパスカウンセラーは，10％程度の統合失調症の人たちと付き合い，その他 90％の一般学生の人たちの成長と付き合う。そういうことに直面しました。10％の統合失調症の人たちに対しては九州大学の場合は精神科医の先生がたくさん協力してくれました。統合失調症系の学生を経験してみると，担任の先生，学生の力が必要で，カウンセラー１人ではとても対応しきれない。担任の先生の力，事務官の力，友だちの力，養護の先生の力を得て対応していく体験をしましたので，だんだん「治療」というよりは「支援」という考え方にいたります。そういう点で今のケアマネージメントみたいなことになります(笑)。患者さんが授業の筆記を出来ず試験を受けられないと話すので，友だちに連絡して，ノート貸してあげてと伝えたり，試験があるときは精神科医に電話して，薬を少し押さえていただきたいと伝えます。

今日の「連携」という言葉は，私はあまり好きじゃないのは，形だけつながっていてもダメだからです。送り先とか，チームでお互いに信頼関係をもっていなければできません。ただ“連携，連携”って言ってみても，人間同士の信頼関係ができなければ，成り立ちません。だから，チーム学校は，そういうことをやっていかなければいけない。このチーム学校は実は日本のタテ割り社会の中ではけっこう大変な仕事だなと思っています。

都道府県担当理事・コーディネーターの設置

それから，もう一つ大事なのは私たちがワーキンググループをつくったのと同じように，各都道府県担当理事・コーディネーターを置きました。つまりワーキンググループとフラクタル構造，似たようなシステムです。実際，スクールカウンセラー事業がうまく動いてきた大きな要因は，この各都道府県の理事・コーディネーターの方々の細かい働き，研修，それから教育委員会との信頼関係，これらが大きかったのです。都道府県臨床心理士会の皆さんのお力で，とってもうまくいきましたし，将来もこういう形でやっていかなくちゃいけないんだろうなと思っています。

スクールカウンセラー事業が展開するなか，学校臨床心理士の方々が地方自治体の教育委員になったりしました。各都道府県できちんと対応されてきて業績をあげられて教育委員会の中で要職に就かれる。これは臨床心理士の発展にとって，スクールカウンセラー事業の発展にとって，とても大きなことでした。

それからもう一つ，臨床心理士にとって重要なのは，たくさん発生した震災です。台風などの天災もありましたし，池田小事件みたいなこともありました。今でも起こっていますけれども，臨床心理士の緊急支援がその時に非常に役に立った。各都道府県でそれぞれのやり方で対応方針を作成しておられます。各都道府県それぞれに対応したマニュアルが作成されています。なかでも窪田由紀先生が中心で活躍されている福岡県は，緊急支援についての本など書かれていて有名です。私自身が“地方の時代”と呼んでいますように，とくに平成 13（2001）年から文部科学省の財源の問題がありそれまでに比べて３分の１しか国家補助金を出さなくなる。すると自治体が３分の２のスクールカウンセラーの財源を握ることになります。地方の教育委員会のあり方，それが非常に大きな意味をもち，かつそれぞれ独自のやり方をこしらえてきています。チーム学校の考え方がさらに広まっていくと，地方それぞれに方針が練られていくと思いますので，地方で頑張っておられる方々がとても重要になります。

徐々に多くなるスクールカウンセラーの派遣件数は，必ずしもそれがうまくいっていることを意味しません。行政的には２万校に派遣したと言っても，私たちの方からみると１校に派遣される時間数が減少してしまい，それではカウンセラーは十分に役には立てないとして行政にアピールします。でも行政官としてはやはり数が大事なんです。そのギャップをどう埋めていくか，どう提案していくか，そこが大事になります。行政的なレベルで接触を持つことがどれだけ大事かを理解いただけたのではないかと思います。

それから臨床心理士の制度化の問題，伊藤亜矢子先生も言及しているように欧米のパラダイムも，大事な点は個人からシステムとか，治療から予防とか，スクールカウンセラーのあり方がコミュニティ型にシフトしてくる。もちろん個人カウンセリングは絶対大事なのですが，同時に予防的な動きが始まってきたということです。

パラダイムシフトの視点

これから話すことは私自身の個人的な疑問であり，ワーキンググループを代表して話している訳ではなく，あくまでも私個人の意見になります。いくつか考えてます。例えば私たちはよく文部科学省から，今日のようなシンポジウムにお呼びすると，「村山さん，スクールカウンセラーは増員したけれども，不登校は高止まりだよ，対費用効果はどうなんだって財務省から言われるよ」とよくおっしゃられます。

私はこう考えています。いじめ，ひきこもり，不登校などの心理的課題や事象だけに目を向けるのではなく，社会システムの中で社会が変わればいろいろな心理的問題が起こってくる。これらの現象をもっと社会の変数としてとらえると理解がすすむ，社会と関連してとらえないといけないんじゃないか。そうしないと不登校の事例のように，昔は「母源病」と言われて，母親が悪いって話でした，本当に。それがだんだんと個人を大事にする考えが出てきました。今はあまりこの考え方は流行っていないです。このように社会システムの変化とともに，家族も変化します。社会的な日本の流れの中でさまざまな問題が起こる。だから問題だけに私たちが注目するのは対応を誤ることになりかねない。

しかし私たちは仕事が仕事ですから，心理的問題に着目するのも大事です。スクールカウンセラーは必ずしも「問題解決につながらないことがあります」。役に立っても，スクールカウンセラーを入れたから 50 人不登校が減ったっていう形では出てこない。でもスクールカウンセラーがいたから助かったことがたくさんあるはずです。私たちがちゃんとチェックしたり，文字化したり，行政に伝えないといけません。確実に役に立っているのですから。

文部科学省でも 5，6 年前からフォローアップしてもらっています。そうするとスクールカウンセラーがいてやっぱり良かった，でもその人がすぐに不登校が治ったとか，そういうことではないわけです。私たちの臨床の仕事は問題を解決することだけなのか，というテーマです。何をやっているんだろう，臨床心理士の仕事は何なのか，心理療法の目標は何か，という問いかけもあります。

今みたいに見えないところに私たちが役に立ってる部分をもう少し研究したり，リサーチを入れて，役に立つということをフォローアップするなりして，伝えていくと行政ももっと動いてくれると思います。文部科学省も私たちのために大変な努力をしてくれています。財務省との交渉とかに効果のあった事例がほしいとかいろいろな面があります。だから彼らの行政的な視点からは，たくさんの問題もみえてきます。実際にしていること，この点で役に立っているとか，もっと社会的な意味を明確に示していく必要があります。

ポストベンションからプリベンションへ

例えば不登校が多いのは，韓国とか，日本です。その社会とか文化によって心因的な問題は違ってきます。個人の症状と文化の関係をもっと考えると，対応の概要がみえると思います。それからもう一つ，臨床心理士に一番大事な点は，ポストベンション。起こったことの後始末していくイメージがありませんか？　でも，起こらないようにする方がもっといいんじゃないですか。どうやったら予防できるか，それをプリベンションといいます。プリベンションという言葉が医学的だとすれば，私たちはまあ成長とか関係とか，たくさんノウハウを持っています。例えば初期不安，日本の文化では，４月が最大の難関になります。システムが変わって，子どもたちもみんなまったく新しい人間関係の世界に放り込まれる。その間に無理してトラブルが起こる。だからその初期段階のときにマイペースで過ごせるようなプログラムを提供することで，ある程度，その人が自分のペースを保てる場をつくる。私たちの持っているノウハウをもっとそういう形で使うべきではないかと考えています。

チーム学校

チーム学校は日本のタテ社会，縦割り行政などの変革につながる重要かつ困難な課題です。平成7（1995）年のスクールカウンセリング導入期に学校臨床心理士に対して教育現場から「黒船の襲来」と騒がれました。一大教育改革だったのです。さて「チーム学校」で私たちはどう動くのか。学校臨床心理士の力量を発揮しながらその過程でさまざまな課題にぶつかり，発見が生まれてくることになるでしょう。

ネガティブ・ケイパビリティ

皆さんはお聞き及びかと思いますが，「ネガティブ・ケイパビリティ」という言葉。これ今日のお土産に持って帰ってください。ネガティブ・ケイパビリティ，これは私のオリジナルではないです。これは日本では帚木蓬生という精神科の先生が本を書いています。元々はジョン・キースというイギリスの詩人が「不確実なものや未解決のものを受け入れる能力」という定義をしています。どうにも答えのない，どうにも対処しようもない事態に耐える能力，性急に説明や理由を求めずに不確実さや不思議さ，懐疑の中にいることができる能力と書いてあります。

つまり現代社会の中で，こういう能力を大切にすることが，臨床家だけじゃなくて，行政官とか，医師も含めて，私たちの社会が変わっていくには大事なことではないでしょうか。私が好きなロジャースの本に,「物事を慌てて処理することの問題点」が書いてありました。「問題が難しいときは急がないこと，その状況を徹底して理解すること，そこの中で何かが生まれてくる」と彼は1961年に言っています。解決できる問題は解決する必要がありますが，すぐ解決できない問題にぶつかることが私たちには多い。そこでは相互に理解することで何かが生まれてくる，協力が生まれてくる。結果的にいいことが生まれてくる。ネガティブ・ケイパビリティや，フィンランドのオープンダイアローグでも同様のことを言っています。彼らは病気を治そうと思うのではなくて，専門家も患者さんの家族もみんな入れて，対話をする。その中からこそ何かが生まれてくると考えます。こういうやり方がもっと重要と捉えられてもいいのではないかと思っています。そして，私自身が新しい事例検討法で「PCAGIP」をやっていて，そこで学んでいる大事な点は，クライエントさんが一番自分に必要なことを知っているということです。カンファレンスをやってみますと，クライエントさんたちは，たいてい私たちへの相談だけではなく他のところも利用してます。だから，もっと私らはクライエント側の能力について考えないといけない。

当事者性の重視

私たちの仲間とオープンダイアローグをより知るために，フィンランドのケロプダス病院に行って，お互いにディスカッションしました。その病院は元々家族療法のメッカでした。完璧な家族療法システムをきちっと家族療法の専門家で実践していた。そこでこれなら絶対にこの家族はよくなると思い患者さんに提案したら，拒否された。そこからが彼らの偉いところです。何を学んだか。そうだ，専門家だけで協議するのではなく，最初から当事者をいれて一緒に考えればいい。当事者以外のところで，さまざまなことを決めない。必ず当事者を入れて決定するとか，そういう技法で統合失調症の再発力を低めたとして世界的に有名になりました。何を言いたいかというと，臨床心理の世界も当事者目線をもう少し大事にする必要があるのではないか。専門家は当事者の人生をより充実した，充実する方向で援助するんだということをずいぶん学んだように思うのです。例えば保健師さんの母親と，発達障害を抱える子どものケースです。大学院生が子ども担当，私はお母さん担当でした。なんとか2年間続いて，お母さんが最後に私にプレゼントだと言って（笑），お話をしてくれました。どういう話かというと，私は先生のところに来談していた理由は子どもの情緒的安定でしたが，プレイセラピーが非常に有効だったと言います。子どもの言語訓練はここ，動作の訓練はここ，7つくらい専門機関や援助機関に通っていました。終結になってやっと，終わりにならないと，そのことを私に言わない。それ言ったら悪い気がする，日本のカルチャーです。ここから私が学んだのは，やっぱりお母さんや当事者が今必要な支援内容を一番知ってるんだ，今子どもにとって必要なことはお母さんが知っているんだ。私たち専門家は自分の仕事をしっかりとするのは前提として，一方で母親は援助ネットワークを自分で作って，いわば子どもを救っている。そういう眼を私たちはもう少しもっていいのではないかと感じています。それから，もう一つ大事なのは，やはり現場に出て自分の感覚を鍛えることです。この組織でなにが課題なのか，自分の現場感覚，感触を大事にする。ワーキンググループで作ったガイドラインでは，まず自分の感覚を大事にしよう，実際にそこの学校に行ってみて何が大事なのかを自分で感じる。あるエピソードがあります。１年間主に校長さんのカウンセリングをしていた人がいました。とくに学校ではとても役に立ったそうです。文部科学省が指定するスクールカウンセラーの役割とは全く違いますが，現実ではそういうことが起こっています。文部科学省にはガイドラインを作成してもらわないといけませんが，生活とか現実の場面になるとみんなそれぞれが違ってきます。私たちもそういう感触を大事にする。

支援ネットワークの重要性

人間がつくる複数の対人ネットワークの重要性を認めることです。セラピストとクライエントの二者関係の重要性だけでなく，クライエントを取り巻く多様な人間関係の中で育つのです。いかなる問題も，当事者だけでなく，その背景に多様で複雑な人間関係の文脈があります。

学校コミュニティでは，児童に直接に関わる人として，両親，兄弟，親戚，近隣の人，教師，部活の教師と部員，担任，養護教諭，クラスメイト，友達，塾の教師や友達などがある。人間関係ネットワークをつないだり，修復したり，その意味を確認します。最近，私が開発している新しい事例検討法「PCAGIP 法」の体験から見ると，クライエント側が自分の生のために，意識的・無意識的にさまざまな支援ネットワークを結んでいる実態が明らかになってきています。援助ネットワーク図を見ると，専門家である我々援助者は支援ネットワークの中でどんな役割をはたしているか理解していくことが援助者側の支えになることが明確になってきたのです。

そして，先ほどのお母さんが教えてくれたように母親が自分でネットワークを作っている。実は治療という，支援の行為というのはかなりネットワークになっており，実際はクライエントさんたちがやってるんじゃないかと思います。

オープンダイアローグはそれをシステマティックに行う一つの方法です。だからこそネットワークがすごく大事になっているなと思っています。ネットワークは人間が作る。私たちがマニュアルやガイドラインをつくるときに，コミュニティ的な発想の大事さを河合先生とディスカッションしたことがありました。河合先生は，「村山さん，それはわかった。そういう点は大事だよ，でも便利屋になるな」とおっしゃいました。私なりの解釈をすると，つまり一対一の基本的な関係ができないようでは，何をやってもダメだよと，でもそれを基礎にしながらネットワークを作っていくことの大切さも河合先生はきちんとおわかりになっていたのではないかと思います。

大塚先生の貢献

それからもう一つは，スクールカウンセラーの時給です。最初に平成7（1995）年に事業がスタートする際，スクールカウンセラーにいくら時給を出すか，それは大塚先生の功績でした。大塚先生が文科省から依頼され，いろいろ検討されてあの金額になりました。たしか，年収600万円を基準に算出したと聞いたことがあります。これは大きなことです。私たちの生活とか職業を支えるときに，非常に大きな働きをされてきています。

挑戦していく方向

臨床の方向はこういうふうに進んでいます。私の感触では，理解すること，対話，これがキーワードです。でも実は一番難しいです。少ない体験ですけれども，何が対話か，確実にある変化，お互いの理解，対話が大事なのは討論と違い勝ち負けではないからです。対話があると両方が理解でき，両方が成長します。これからは対話と相互理解が，一番遠いようで人間にとってとても大事な行為だなという感じがしております。なぜ対話が必要かといえば，やっぱりクライエントがきちんと対応できる力をもっているという前提が入っています。そこの前提は非常に大事になってくる。それをどう信じられるかという話になる。これは技法とかってことをちょっと離れていってしまうような気もするので，難しいところです。

フィンランドに行ったときに，「オープンダイアローグはメソッドじゃない」というのをえらく強調されました。日本人が行くとたいていどうやるんだという話になるらしい。でもそうではなく，あり方の問題なんだ，つまり価値観の問題なんだみたいなことを言っていました。わかったような，わかっていないような部分が私にはまだあります（第2章参照）。私たちはスクールカウンセラー事業で，学校という異文化と接触する実績をつくってきました。これは異文化論からみると学校というのはある種大変に閉鎖的な集団ともいえます。臨床心理士はそのなかで頑張って，学校といい関係をつくってきた。だからこれからもこの線でいけるんじゃないかと思っています。

大転換期に生きている私たち——パラダイムシフトへの視点

最後に個人的感慨を述べさせていただきたます。日本のスクールカウンセリングの発展に歴史的かつ画期的に貢献してきた事業に，学校臨床心理士WGの仲間たちとともに深くコミットする幸運に恵まれたことに，心から感謝しています。23年間にわたる，時に厳しく，わくわくする活動から生まれたシステムや成果を述べ，今後の発展の方向と課題にも触れている現代という時代精神は，「Doing」と「Being」の文化の亀裂が大きいところにあり，その調和，統合，ないし緩和を求めて，世界中の政治，社会，文化が揺れています。教育現場も例外ではないのです。公教育の学校というところは，そうした亀裂が生徒の心の問題として最も顕著に表現される場でもあります。

私は現代は，従来の科学観，人間観，社会観などの大転換期に生きている感じがします。1960年代に端を発した自己実現社会をさらに充実したあたらしい時代の到来の胎動を感じています。ここでは，とりあえず，私自身が感じている心理臨床に関連したパラダイムシフトの方向性に触れて終わりと始まりにしたいと思います。

NEXT ONE

これで最後になりますが，皆さんチャップリンを知ってますか？　チャップリンは有名な映画をつくったイギリス出身の俳優さんで，ヒトラーと映画で闘ったというか，映画1本で独裁者と闘った。チャップリンの言葉を借りて，私の締めをしたいと思います。ともかくすごく偉くなっちゃったスーパースターですから，新聞記者とかが来て，「あなたはこんな作品とたくさん作品をつくった。で，あなたはどれが一番好きか，どれがいいか」と聞いたんだそうです。どう答えたと思います？（ちょっと沈黙）「NEXT ONE」。さすが。「俺をまだ博物館に入れるな（笑），これから新しい作品をつくるぞ」。これです。私自身は，私たちは平成7（1995）年に新しい事業を始めて皆さんと一緒に仕事してきました。今度は「チーム学校」を含めたさまざまな新しい対応が必要になってきました。「NEXT ONE」の時代なんです。ぜひ皆さんと一緒に，私もお尻からついていきたいと思います。NEXT ONE をやってみませんか。以上です。終わります。（拍手）

あとがき

福田憲明 学校臨床ワーキンググループ代表に心から感謝申し上げます。9章の講演である私の学校臨床 WG 代表退任記念講演の企画を実施して，私の退任の花道を用意いただきました。

また講演当日３団体の代表としてご挨拶いただいた，藤原勝紀 日本臨床心理士資格認定協会専務理事，田中新正 日本心理臨床学会理事長，津川律子 日本臨床心理士会会長に心から感謝申し上げます。

講演後の雑談で，藤原さん，田中さんのお二人から「村山さん，講演を雑誌などどこかに発表されてはいかがですか」と出版への背中を押していただきました。幸い予期していなかった，遠見書房さんから企画・出版の運びになり驚いている私がいます。

畏友 山本和郎（慶応義塾大学名誉教授）さんへの感謝も付します。

石川悦子，鵜養啓子，鵜養美昭，内田利広，大塚義孝，岡本淳子，窪田由紀，倉光修，高田晃，瀧口俊子，田畑治，西井克泰，長谷川啓三，馬殿禮子，福田憲明，本間友巳，山下一夫（50 音順・敬称略）

現在の学校臨床 WG メンバーのお名前を列記して感謝の気持ちとさせていただきます。

2020 年 7 月

村山正治

付表１　学校臨床心理士全国研修会　開催地一覧

回	日程	会場	参加人数	実行委員長	全体テーマ
1	1996/7/27～28	京都文教大学	258	小川捷之	未設定
2	1997/4/19～20	昭和女子大学	459	村山正治	未設定
3	1998/5/30～31	国立教育会館	757	村山正治	未設定
4	1999/8/9～10	大阪国際交流センター／アウィーナ大阪	1,006	倉光修	未設定
5	2000/8/6～7	名古屋国際会議場	878	田畑治	未設定
6	2001/8/5～6	日比谷公会堂／上智大学	1,029	鵜養美昭	未設定
7	2002/8/10～11	仙台国際センター／東北大学	628	長谷川啓三	未設定
8	2003/8/9～10	神戸ポートピアホール／神戸国際会議場	1,348	馬殿禮子	個と集団
9	2004/8/7～8	昭和女子大学	1,495	鵜養啓子	学校臨床心理士の多様な活動
10	2005/8/6～7	ホテルニューオータニ博多／九州産業大学	1,081	窪田由紀	学校という場における関係性をめぐって～全体を見る・関わる・つなぐ
11	2006/8/5～6	ウェスティン都ホテル京都／龍谷大学	1,521	小林哲郎	拡大・深化するスクールカウンセリング―新たな10年に向けて
12	2007/8/25～26	大阪国際会議場／リーガロイヤル NCB	1,602	西井克泰	今、スクールカウンセラーに期待されるもの
13	2008/8/9～10	愛知学院大学／日進キャンパス	1,386	田畑治	スクールカウンセラーの拡大・深化と連携―更なる前進を -
14	2009/8/8～9	日比谷公会堂／立正大学	1,582	岡本淳子	スクールカウンセラーの専門性と実践力～共に語ろう～

付表１　学校臨床心理士全国研修会　開催地一覧（その２）

回	日程	会場	参加人数	実行委員長	全体テーマ
15	2010/8/7～8	日比谷公会堂／昭和女子大学	1,503	鵜養美昭	スクールカウンセラーの専門性をさらにみがく
16	2011/8/20～21	ウェスティン都ホテル京都／龍谷大学大宮学舎	1,869	本間友巳	未設定（東日本大震災をうけてプログラム変更につき）
17	2012/8/4～5	大阪国際会議場／リーガロイヤルNCB	1,746	梶谷健二	専門性をみがき確かな実践力を培う―これまでの経験知・実践知に学ぶ―
18	2013/8/31～9/1	昭和女子大学	2,443	福田憲明	いじめ対応とスクールカウンセリング
19	2014/8/2～3	東北大学	960	若島孔文	学校を読み解き、かかわり、つなぐ
20	2015/8/22～23	武庫川女子大学	1,600	西井克泰	スクールカウンセラー事業20周年
21	2016/8/7	金城学院大学アニー・ランドルフ記念講堂	1,449	川瀬正裕	これからの学校臨床心理士(スクールカウンセラー)の役割と課題
22	2017/8/20	昭和女子大学人見記念講堂	1,791	岡本淳子	学校臨床心理士(スクールカウンセラー)の新しいヴィジョンとミッション
23	2018/8/26	国立京都国際会館メインホール	1,536	福田憲明	学校臨床心理士(スクールカウンセラー)の新たな課題～活動形態の多様化と果たすべき役割～
24	2019/8/26	国立京都国際会館メインホール	2,000	福田憲明	スクールカウンセリングの新しい時代の幕開け

付表2　日本心理臨床学会　WG主催一覧

回	年	日付	会場	タイトル	登壇者
15	1996	9月22日	上智大学	学校臨床心理士ースクール・カウンセラーの経験	司会：村山正治（九州大学），富岡賢治（文部省総務審議官）／話題提供者：黒沢幸子（昇華学園），田中克江（福岡大学），倉光修（大阪大学）／指定討論者：大塚義孝（龍谷大学）
17	1998	9月19日	名古屋大学	スクールカウンセラーの制度化をめぐって	企画者：学校臨床心理士ワーキンググループ（代表村山正治）司会：村山正治（久留米大学），鶴光代（福岡教育大学）／シンポジスト：辻村哲夫（文部省初等中等教育局長），河合隼雄（国際日本文化研究センター所長），大塚義孝（佛教大学臨床心理学研究センター所長），村山正治（久留米大学）
18	1999	9月12日	文教大学	スクールカウンセラーの恒常的制度化に向けて	企画者：学校臨床心理士ワーキンググループ（代表村山正治）／司会：村山正治（東亜大学大学院教授），岡堂哲雄（文教大学教授）／シンポジスト：御手洗康（文部省初等中等教育局長），河合隼雄（国際日本文化研究センター所長），大塚義孝（佛教大学臨床心理学研究センター所長），岡本喜美子（東京都新宿区立西戸山第二中学校長）
19	2000	9月15日	京都文教大学	平成13年度からの新しいスクールカウンセラー制度をめぐって	企画：学校臨床心理士ワーキンググループ／司会：村山正治（東亜大学大学院），滝口俊子（京都文教大学）／話題提供：文部科学省担当者，野口克海（大阪府教育委員会理事），河合隼雄（日本臨床心理士会会長），大塚義孝（日本臨床心理士資格認定協会専務理事）

付表2　日本心理臨床学会　WG主催一覧（その2）

回	年	日付	会場	タイトル	登壇者
20	2001	9月17日	日本大学	新スクールカウンセラー制度の現状と課題	企画者：学校臨床心理士ワーキンググループ（代表村山正治）／司会：村山正治（東亜大学大学院教授），滝口俊子（放送大学教授）／シンポジスト：文部科学省初等中等教育局担当官，宮川保之（東京都教育庁総務部教育政策室主任指導主事），河合隼雄（日本心理臨床学会理事長），大塚義孝（日本臨床心理士資格認定協会専務理事）
21	2002	9月6日	中京大学	スクールカウンセラー配置のさらなる発展と充実をめざして	企画：学校臨床心理士ワーキンググループ（代表村山正治）／司会：滝口俊子（放送大学教授），村山正治（東亜大学大学院教授）／シンポジスト：文部科学省初等中等教育局担当官，梅本哲男（名古屋市立城山中学校校長），河合隼雄（日本心理臨床学会理事長），大塚義孝（日本臨床心理士資格認定協会専務理事）
22	2003	9月13日	京都大学	平成18年度（第3期）のスクールカウンセラー事業の展開に向けて―これまでの成果の確認と今後の発展に向けて―	企画：学校臨床心理士ワーキンググループ（代表村山正治）／司会：村山正治（東亜大学），鵜養啓子（昭和女子大学）／話題提供者：伊藤美奈子（慶應義塾大学），本間友巳（京都教育大学）／指定討論者：河合隼雄（文化庁長官日本心理臨床学会理事長），大塚義孝（佛教大学教授日本臨床心理士資格認定協会専務理事），金森越哉（文部科学省初等中等教育局審議官）

付表2　日本心理臨床学会　WG 主催一覧（その3）

回	年	日付	会場	タイトル	登壇者
23	2004	9月10日	東京国際大学	スクールカウンセラー事業の更なる発展と今後の課題	企画：学校臨床心理士ワーキンググループ（代表村山正治）／司会：村山正治（日本臨床心理士会幹事九州産業大学），滝口俊子（日本心理臨床学会常任理事放送大学）／シンポジスト：河合隼雄（日本臨床心理士会会長文化庁長官），大塚義孝（日本臨床心理士資格認定協会専務理事佛教大学教授），金森越哉（文部科学省初等中等教育局審議官），若林彰（東京都教育庁指導部指導企画課主任指導主事），鵜養美昭（学校臨床心理士WG 日本女子大学教授）
24	2005	9月8日	国立京都国際会館	地方の時代の教育と学校臨床心理士の役割	企画者：学校臨床心理士ワーキンググループ／司会：村山正治（学臨WG/ 九州産業大学），滝口俊子（学臨 WG/ 放送大学大学院）／シンポジスト：河合隼雄（文化庁），大塚義孝（(財) 日本臨床心理士資格認定協会），本間友巳（京都教育大学），嘉嶋領子（福岡県ＳＣ），門川大作（京都市教育長）／ゲストスピーカー：河村建夫（衆議院議員前文部科学大臣）
25	2006	9月17日	関西大学	新しい発展段階にきているスクールカウンセラー事業のこれからの課題	企画者：学校臨床心理士ワーキンググループ（代表村山正治）／司会：村山正治（日本臨床心理士会理事九州産業大学大学院教授），滝口俊子（日本心理臨床学会常任理事放送大学教授）／シンポジスト：大塚義孝（日本臨床心理士資格認定協会専務理事），山中伸一（文部科学省初等中等教育局担当審議官），倉光修（日本臨床心理士会副会長東京大学教授），本間友巳(学臨 WG/ 京都教育大学教授），鵜養啓子（学臨 WG/ 昭和女子大学教授）

付表2　日本心理臨床学会　WG主催一覧（その4）

回	年	日付	会場	タイトル	登壇者
26	2007	9月29日	東京国際フォーラム	スクールカウンセラー事業の新しい展開	企画・司会：村山正治（学臨WG代表/九州産業大学大学院教授）／特別ゲスト：銭谷眞美（文部科学省事務次官）／話題提供者：大塚義孝（日本臨床心理士資格認定協会専務理事帝塚山学院大学大学院教授），鵜養美昭（日本女子大学教授カウンセリングセンター所長），向笠章子（日本臨床心理士会理事聖マリア病院臨床心理士）
27	2008	9月5日	筑波大学／つくば国際会議場他	スクールソーシャルワーカーとスクールカウンセラーとの連携，協働	企画・司会：西井克泰（武庫川女子大学）／シンポジスト：峯本耕治（弁護士大阪府教育委員会スクールソーシャルワーカースーパーバイザー），金澤ますみ（大阪府教育委員会スクールソーシャルワーカー/桃山学院大学非常勤講師），良原惠子（大阪市SC/大阪府SCスーパーバイザー）／指定討論者：梶谷健二（関西大学心理相談室），倉光修（東京大学学生相談所）
		9月6日		スクールカウンセラー活動におけるスーパーバイザーの必要性と活用	企画・司会：村山正治（九州産業大学），滝口俊子（放送大学）／話題提供者：銭谷眞美（文部科学省事務次官），大塚義孝（日本臨床心理士資格認定協会），倉光修（東京大学），嘉嶋領子（福岡県SC），鵜養啓子（昭和女子大学）
28	2009	9月20日	東京国際フォーラム	スクールカウンセラー事業の更なる発展をめざして一地方の時代の視点から一	司会：村山正治（九州大学名誉教授／学臨WG代表），鵜養美昭（日本女子大学教授）／話題提供者：大塚義孝（帝塚山学院大学教授財団法人日本臨床心理士資格認定協会専務理事），磯谷桂介（文部科学省初等中等教育局児童生徒課長），藤原勝紀（放送大学京都学習センター所長京都市教育委員），古賀靖之（西九州大学教授佐賀市教育委員），岡本淳子（立正大学教授東京臨床心理士会）

付表2　日本心理臨床学会　WG 主催一覧（その5）

回	年	日付	会場	タイトル	登壇者
29	2010	9月3日	東北大学	スクールカウンセラー事業の更なる発展をめざして［続］一地方の時代の視点から一	企画者：村山正治（東亜大学大学院／学臨 WG 代表），滝口俊子（放送大学）／話題提供者：大塚義孝（帝塚山学院大学教授日本臨床心理士資格認定協会専務理事），磯谷桂介（文部科学省初等中等教育局児童生徒課課長），石田陽彦（関西大学臨床心理専門職大学院教授奈良県臨床心理士会会長），小林東（新潟県柏崎市教育委員会柏崎市立教育センター教育相談係長），高山敬子（三重県総合教育センター教育相談グループ臨床心理相談専門員）
30	2011	9月3日	福岡国際会議場	スクールカウンセラー事業のこれからの展望—15 年間の実績を基盤としてさらに発展，充実を目指して—	企画者：村山正治（東亜大学大学院 / 学臨 WG 代表），滝口俊子（放送大学名誉教授 / 学臨 WG）／話題提供者：大塚義孝（帝塚山学院大学 / 日本臨床心理士資格認定協会専務理事），白間竜一郎（文部科学省初等中等教育局児童生徒課課長），本間友巳（京都教育大大学院 / 学臨 WG），鵜養啓子（昭和女子大大学院 / 学臨 WG），嘉嶋領子（臨床心理士 / かしまえりこ心理室）
31	2012	9月15日	愛知学院大学	学校臨床心理士（スクールカウンセラー）のこれまでの教育への貢献とこれから期待するもの—学校現場の視点から—	企画者：村山正治（東亜大学大学院 / 学臨 WG 代表）／司会：滝口俊子（放送大学大学院名誉教授）／シンポジスト：白間竜一郎（文部科学省児童生徒課課長），大塚義孝（帝塚山学院大学院／日本臨床心理士資格認定協会専務理事），竹島園枝（大阪市立夕陽丘中学校長），酒井泰（東京都教育庁指導部主任指導主事），柵木智幸（岡崎市立六ツ美中学校長）

付表２　日本心理臨床学会　WG 主催一覧（その６）

回	年	日付	会場	タイトル	登壇者
32	2013	8月28日	パシフィコ横浜	学校臨床心理士（スクールカウンセラー）の学校臨床活動をさらに深め，広め，現場に役立つ新しい展開を目指して	企画者：村山正治（東亜大学大学院 / 学臨 WG 代表）／司会：滝口俊子（放送大学名誉教授）／シンポジスト：白間竜一郎（文部科学省初等中等教育局児童生徒課長），大塚義孝（帝塚山学院大学院／日本臨床心理士資格認定協会専務理事），倉光修（東京大学教授／学生相談所長），嘉嶋領子（かしまえりこ心理室代表），石田陽彦（関西大学教授／奈良県臨床心理士会会長）
33	2014	8月25日	パシフィコ横浜	いじめに対する学校臨床心理士の有効な対応―現場の最前線からの経験と提言―	企画者：村山正治（東亜大学大学院／学臨 WG 代表）司会：滝口俊子（放送大学名誉教授），梶谷健二（関西大学客員教授）／シンポジスト：内藤敏也（文部科学省初等中等教育局児童生徒課長），大塚義孝（帝塚山学院大学院／日本臨床心理士資格認定協会専務理事），良原惠子（大阪府立校・公立校 SC スーパーバイザー），嘉嶋領子（かしまえりこ心理室代表），植山起佐子（東京都 SC ／臨床心理士コラボオフィス目黒）
34	2015	9月19日	神戸国際展示場	不登校に対する学校臨床心理士（スクールカウンセラー）の有効な支援とこれからの展望―現場の最前線からの経験と提言―	企画者：村山正治（東亜大学大学院 / 学臨 WG 代表）／司会：滝口俊子（放送大学名誉教授）／シンポジスト：坪田知広（文部科学省児初等中等教育局児童生徒課長），大塚義孝（帝塚山学院大学院 / 日本臨床心理士資格認定協会専務理事），大石英史（山口大教育学部教授・付属小学校長），本間友巳（京都教育大学教授），良原惠子（大阪府立校・公立校 SC スーパーバイザー）

付表2　日本心理臨床学会　WG 主催一覧（その7）

回	年	日付	会場	タイトル	登壇者
35	2016	9月5日	パシフィコ横浜	スクールカウンセラー活動の評価と効果をめぐって―スクールカウンセラー活動におけるエビデンスとは何か―	企画者：村山正治（東亜大学大学院/学臨 WG 代表）／司会・指定討論者:村山正治（東亜大学大学院），香川克（京都文教大学）／シンポジスト：坪田知広（文部科学省初等中等教育局児童生徒課長），福田憲明（明星大学），本間友巳（京都教育大学），窪田由紀（名古屋大学大学院），冨永良喜（兵庫教育大学）
36	2017	11月20日	パシフィコ横浜	これからの学校臨床心理士（スクールカウンセラー）とは―チーム学校の実施にあたって―	企画者:村山正治・福田憲明／司会:村山正治（学臨 WG 代表）／シンポジスト：坪田知広（文部科学省初等中等教育局児童生徒課長），石川悦子（東京臨床心理士会/学校臨床委員会委員長），良原恵子（大阪市ＳＣ/大阪府教育委員/ＳＣスーパーバイザー），嘉島領子（福岡県臨床心理士会教育臨委員会委員長）指定討論者:福田憲明（学臨 WG/明星大学教授）
37	2019	6月7日	パシフィコ横浜	スクールカウンセラーの専門性を支えるもの	司会：福田 憲明（明星大学／学臨 WG 副代表），窪田由紀（九州産業大学／学臨 WG）／話題提供者：松木秀彰（文部科学省 初等中等教育局 児童生徒課 生徒指導室室長），内田利広（京都教育大学／学臨 WG），伊藤亜矢子（お茶の水女子大学），桝本俊哉（宇部フロンティア大学）

付表3　学校臨床心理士担当理事・コーディネーター全国連絡会議一覧

回数	開催年月日	会場
1	1995（平成7）年3月19日	愛知県（名古屋国際会議場）
2	1995（平成7）年10月9日	福岡県（九州大学）
3	1996（平成8）年3月17日	広島県（広島厚生年金会館）
4	1996（平成8）年9月22日	東京都（上智大学）
5	1997（平成9）年3月20日	東京都（虎ノ門ホール）
6	1997（平成9）年9月21日	宮城県（東北大学）
7	1998（平成10）年3月22日	京都府（佛教大学臨床心理学研究センター）
8	1998（平成10）年9月19日	愛知県（名古屋国際会議場）
9	1999（平成11）年3月21日	東京都（日本出版クラブ会館）
10	1999（平成11）年9月10日	埼玉県（文教大学）
11	2000（平成12）年3月18日	福岡県（九州大学）
12	2000（平成12）年9月14日	京都府（京都文教大学）
13	2001（平成13）年3月18日	東京都（東京グリーンパレス）
14	2001（平成13）年9月15日	東京都（日本大学）
15	2002（平成14）年3月16日	兵庫県（神戸ポートピアホテル）
16	2002（平成14）年9月5日	愛知県（中京大学）
17	2002（平成14）年11月3日	東京都（Seaside 平成 otel 芝弥生会館）
18	2003（平成15）年3月15日	新潟県（ホテルイタリア軒）
19	2003（平成15）年8月9日	兵庫県（神戸ポートピアホテル）
20	2004（平成16）年3月6日	大阪府（ドーミーイン新大阪センイシティー）
21	2004（平成16）年8月7日	東京都（昭和女子大学）
22	2005（平成17）年3月26日	東京都（Bayside 平成 otel アジュール竹芝）
23	2005（平成17）年8月6日	福岡県（ホテルニューオータニ福岡）
24	2006（平成18）年3月21日	愛知県（名鉄ニューグランドホテル）
25	2006（平成18）年8月5日	京都府（ウェスティン都ホテル京都）
26	2007（平成19）年3月24日	石川県（ホテル・キャッスルイン金沢）
27	2007（平成19）年8月25日	大阪府（リーガロイヤルホテル ウエストウイング）
28	2008（平成20）年3月15日	宮城県（仙台国際センター）
29	2008（平成20）年8月9日	愛知県（愛知学院大学）

付表３　学校臨床心理士担当理事・コーディネーター全国連絡会議一覧（その２）

回数	開催年月日	会場
30	2009（平成 21）年３月 19 日	京都府（グランドプリンスホテル京都）
31	2009（平成 21）年８月９日	東京都（立正大学）
32	2009（平成 21）年９月 22 日	東京都（東京国際フォーラム）
33	2010（平成 22）年３月 20 日	広島県（広島国際会議場）
34	2010（平成 22）年８月８日	東京都（昭和女子大学）
35	2011（平成 23）年３月 12 日	東京都（日本教育会館）
36	2011（平成 23）年８月 20 日	京都府（ウェスティン都ホテル京都）
37	2012（平成 24）年３月 19 日	長野県（ホテルメトロポリタン長野）
38	2012（平成 24）年８月４日	大阪府（リーガロイヤルＮＣＢ）
39	2013（平成 25）年３月 19 日	岡山県（岡山コンベンションセンター）
40	2013（平成 25）年９月１日	東京都（昭和女子大学）
41	2014（平成 26）年３月 15 日	新潟県（新潟東急イン）
42	2014（平成 26）年８月３日	宮城県（東北大学）
43	2015（平成 27）年３月６日	奈良県（ホテル日航奈良）
44	2015（平成 27）年８月 23 日	兵庫県（武庫川女子大学）
45	2016（平成 28）年３月 27 日	東京都（ホテルメトロポリタンエドモント）
46	2016（平成 28）年８月７日	愛知県（金城学院大学）
47	2017（平成 29）年３月 26 日	東京都（ホテルメトロポリタンエドモント）
48	2017（平成 29）年８月 20 日	東京都（昭和女子大学）
49	2018（平成 30）年３月 25 日	東京都（ホテルメトロポリタンエドモント）
50	2018（平成 30）年８月 26 日	京都府（国立京都国際会館）
51	2019（平成 31）年２月 24 日	東京都（ホテルメトロポリタンエドモント）
52	2019（令和１）年７月 28 日	京都府（国立京都国際会館）

付表4　スクールカウンセラー事業の推移（学校臨床 WG 事務局調べ）

年度	1995	1996	1997	1998	1999	2000	2001	2002
	H7	H8	H9	H10	H11	H12	H13	H14
派遣校数	154	553	1,065	1,661	2,015	2,250	4,406	6,572
予算額	307	1,100	2,174	3,274	3,378	3,552	4,006	4,495
	スクールカウンセラー活用調査研究委託事業（国の全額委託事業 10/10）							スクールカウンセラー活用事業（都道府県・指定都市に対する補助金＊補助率 1/2）
年度	2003	2004	2005	2006	2007	2008	2009	2010
	H15	H16	H17	H18	H19	H20	H21	H22
派遣校数	6,941	8,485	9,547	10,158	11,460	12,263	15,461	16,012
予算額	3,994	4,200	4,217	4,217	5,051	3,365	14,261*	13,093*
	スクールカウンセラー活用事業（都道府県・指定都市に対する補助金＊補助率 1/2）					左に同じ＊補助率 1/3	学校・家庭・地域の連携協力推進事業の一部	
年度	2011	2012	2013	2014	2015	2016	2017	2018
	H23	H24	H25	H26	H27	H28	H29	H30
派遣校数	15,476	17,621	20,310	22,013	24,254	24,661	26,337	27,809
予算額	9,450*	8,516*	3,892	4,113	4,700	4,527	4,559	4,569
	学校・家庭・地域の連携協力推進事業の一部		いじめ対策等総合推進事業の一部					

注）付表1～4の作成は，日本臨床心理士資格認定協会の学校臨床心理士 WG 事務局の向後亮一氏の協力によるものである。記して心から感謝申し上げます。

索　　引

あ行
異文化接触 89
因果論 5
インシデントプロセス 28, 69, 83
エンカウンターグループ 27, 28, 32, 36, 42, 45, 47-51, 53, 54, 56, 58, 60, 61, 65, 68, 70, 80, 83, 94, 102
オープンダイアローグ 6, 32-37, 41, 42, 44, 52, 54-57, 118-121, 139

か行
外部実習 85
外部性 104-107
科学者ー実践家モデル 4, 5, 84, 85
学校コミュニティ 7, 20, 29, 61, 91, 104, 114, 120
学校臨床心理士のためのガイドライン 16, 19, 108
学校臨床心理士ワーキンググループ 3, 15-18, 21, 23, 109, 113, 122, 128-130
カフェあずま〜れ 88
河合隼雄 4, 16, 112, 113, 128-130
キャンパスカウンセラー 114
緊急支援 18, 21, 23, 84, 88, 91, 106, 107, 115
クリニックモデル 16, 19, 114
グループ観 58, 66, 67
グループワーク 61, 69, 87, 94, 96, 107, 139
経験知 7, 15, 21, 90, 105, 126
コ・ファシリテーター 100
コーディネーター 4, 8, 18, 20, 22, 25, 31, 34, 42, 114, 115, 135, 136
コミュニティ・アプローチ 16
コミュニティ心理学 16, 31, 87
コミュニティモデル 19
コラボレーション 16, 24, 88
コンサルテーション 20, 105

さ行
自己肯定感 48, 92, 93, 100-102
自己実現モデル 5
実践家ー科学者モデル 4, 5, 84, 85, 87, 139
実践知 7, 15, 21, 30, 31, 105, 106, 126
修理工場モデル 4, 5
守秘義務 19, 20, 105
スクールカウンセラー・インターンシップ・プログラム 23
スクールカウンセラー事業 15, 16, 18, 21, 22, 25, 84, 103, 111, 113, 115, 121, 126, 129-132, 137
スクールカウンセラーの常勤化 104, 105, 111
棲み込み理論 15
成長モデル 4, 25, 26
相互肯定フィードバックセッション 99

た行
多職種協働 6, 56, 106, 107
縦割り文化 8
チーム学校 6, 8, 56, 103-110, 114, 115, 117, 118, 123, 134, 139
地方の時代 22, 24, 115, 130-132
ディプロマ・プログラム 86

な行
日本心理臨床学会 3, 4, 16, 21, 69, 109, 112, 113, 124, 128-134
日本臨床心理士資格認定協会 3, 21, 109,

112, 124, 128-133, 137
ニュートン－デカルトパラダイム　5, 25, 51
ネガティブ・ケイパビリティ　52, 54, 56, 118
ネットワーク　6, 17, 18, 28, 29, 34, 44, 45, 47, 51, 54, 55, 67, 83, 87, 119-121
ノークロス　29

は行
パーソンセンタード・アプローチ　32, 52, 56, 57, 83, 84, 87, 92, 93, 139
パラダイムシフト　25, 116, 122
パラダイム論　4, 15, 25, 29, 33, 53, 139
PCA グループ　7, 26, 27, 58-62, 66-68, 82, 83, 85, 92-95, 100-102, 139
PCAGIP 法　28, 48, 56, 69, 70, 72, 80, 82, 83, 120, 139
ファシリテーター　28, 34-36, 39, 42, 50, 55, 56, 58, 60, 65-67, 70-72, 75, 79-82, 100, 104, 107
福岡モデル　23
プリベンション　117
ポジティブフィードバック　94, 100, 101, 139
ポストベンション　117
ポランニー　15

や行～
山本和郎　4, 5, 25, 26, 31, 124
ランバート　29, 30
連携　3, 20, 23, 72, 88-91, 96, 105, 114, 125, 131, 137, 139
ロジャース　5, 6, 15, 16, 33, 43, 44, 46, 47, 49-53, 57, 68, 90, 93, 94, 118

初出一覧

第1章　スクールカウンセリングのパラダイム論（→「東亜臨床心理学研究（東亜大学大学臨床心理学専攻紀要）」13巻，2014）

第2章　パーソンセンタード・アプローチとオープンダイアローグの出会いから生まれてきたもの　（書き下ろし）

第3章　学校におけるPCAグループの実践と展開（→「子どもの心と学校臨床」第1号，遠見書房，2009）

第4章　グループワークとしての新しい事例検討：PCAGIP法入門（→「子どもの心と学校臨床」第3号，遠見書房，2010）

第5章　心理臨床家養成における実践家－科学者モデルはうまく機能しているか（→「子どもの心と学校臨床」第5号，遠見書房，2011）

第6章　連携をキーワードにみるSC事業の新しい展開への序曲的メモ（→「子どもの心と学校臨床」第9号，遠見書房，2013）

第7章　いじめの予防：ポジティブフィードバックの意義── PCAグループからのアプローチ（→「子どもの心と学校臨床」第11号，遠見書房，2014）

第8章　新しいスクールカウンセラー：チーム学校をめぐって（→「子どもの心と学校臨床」第13号，遠見書房，2015）

第9章　スクールカウンセラーの創成期から未来に向けて　（講演　2020年8月　日本学校臨床心理士全国研修会）

なお，本書掲載にさいし，著者の手によりどの論考も大幅に書き改められている。

著者略歴
村山正治（むらやま・しょうじ）

1934 年，東京都生まれ。1963 年，京都大学大学院教育学研究科博士課程修了。教育学博士。臨床心理士（00034 号）。
1963 年，京都市教育委員会指導部カウンセリングセンター専任カウンセラー。1967 年，九州大学教養部助教授。1972 ～ 1973 年，Center for the Studies of the Person（ロジャース研究所）研究員となり，ロジャース博士に学ぶ。1985 ～ 1986 年，英国 Sussex 大学，米国 UCLA 訪問教授。1990 年，九州大学教育学部長・研究科長。1997 年，九州大学定年退職，九州大学名誉教授。
以後，久留米大学大学院，東亜大学大学院，九州産業大学大学院教授を歴任。現在は東亜大学大学院特任教授・臨床心理学専攻主任。
九州大学教養部時代に学生相談，大学紛争を体験した。紛争中，学生たちとロジャース人間論を輪読し私を含め一人一人の生き方を話す「合宿」を重ねた。その結果，個人の尊重・多様性・異質性の共存を目指す新しいコミュニティモデルとなる「福岡人間関係研究会」を創設した。以後 50 年以上も出会いと対話の「エンカウンターグループ活動」を展開している。その活動の一環である九重エンカンターグループは日本のエンカンターグループのメッカになった。1972 年のロジャース研究所では世界の最先端の動向に触れ，異文化に学ぶ機会に恵まれた。この機会にフォーカシングのユージン・ジェンドリン博士夫妻や英国のパーソンセンタード・アプローチのリーダーのデイブ・メアンズ夫妻と親交を深めた。両夫妻を日本に招待し，フォーカシングを日本への導入する役割，「深い心理療法」の紹介の役割を果たした。パーソンセンタード・アプローチとフォーカシングの研究，実践の功績で日本心理臨床学会と日本人間性心理学会賞を受賞。
現在はパーソンセンタード・アプローチの理論と実践，大学院院生養成，SC 事業の展開と教育改革などに関心を持っている。特に 21 世紀の新しい科学論・人間論・社会論などを探索するパラダイム論の構築を楽しんでいる。何かが生まれてきそうなワクワク感がある。

主な著書：「ロジャースをめぐって―臨床を生きる発想と方法」（金剛出版，2005），「新しい事例検討法―PCAGIP 入門」（共編著，創元社，2014），「PCA グループ入門（編著，創元社，2014），「私とパーソンセンタードアプローチ」（飯長・園田編著，新曜社，2019）ほか多数

ブックレット：子どもの心と学校臨床（1）
スクールカウンセリングの新しいパラダイム
――パーソンセンタード・アプローチ，PCAGIP，オープンダイアローグ

2020年9月15日　初版発行

著　者　村山正治
発行人　山内俊介
発行所　遠見書房

〒181-0002 東京都三鷹市牟礼 6-24-12
三鷹ナショナルコート 004
TEL 0422-26-6711　FAX 050-3488-3894
tomi@tomishobo.com　https://tomishobo.com

ISBN978-4-86616-101-3　C3011